CW00517118

# FOREX TRADING

## MANUALE COMPLETO PER PRINCIPIANTI: BASI DI ANALISI TECNICA, TRADING AUTOMATICO E LE MIGLIORI STRATEGIE OPERATIVE

## KEVIN MADDISON

# INDICE

## LE BASI

## GLI STRUMENTI FINANZIARI

# OPERARE NEL TRADING

# COPYRIGHT

# INTRODUZIONE

Il termine trading è conosciuto ormai in tutto il mondo, soprattutto in questo periodo dove l'informazione si espande in modo praticamente incontrollabile, ma in pochi sanno realmente cosa sia il trading e in cosa consista. Questo libro è rivolto a tutti coloro che si avvicinano al mondo del trading e vogliono saperne di più, a coloro che non ne hanno mai sentito parlare e semplicemente vogliono informarsi per poter comprendere il mondo degli investimenti, e a tutte quelle persone che hanno già iniziato ma sentono la necessità di approfondire ed avere un quadro più completo sul trading. Un libro rivolto essenzialmente ai principianti, senza avere la pretesa di spiegare nel dettaglio aspetti tecnici che sarebbero comprensibili solo ad un professionista esperto e renderebbero la lettura di questo libro troppo complessa per un neofita. In questo libro cercheremo di capire di cosa si tratta e quali sono i vari strumenti ad esso connessi. Cercheremo di capire quali sono gli aspetti psicologici da considerare prima di iniziare questa attività, parleremo del mercato e di come funziona, dei rischi e dei vantaggi.

Molti si avvicinano al trading con l'idea di moltiplicare i loro soldi senza "lavorare", come se investire soldi fosse la soluzione a tutti i nostri problemi, una sorta di gioco dove inseriamo una parte dei nostri soldi, lasciamo che il software faccia i suoi calcoli, aspettiamo che ci dica anche quando premere il pulsante giusto e poi…. Fatto! I nostri soldi si moltiplicano e possiamo smettere di lavorare guardando il nostro portafoglio virtuale che si riempie, immaginando già quale sarà la nostra nuova automobile, il prossimo viaggio, la nuova casa, ecc…

Teoricamente questo è possibile, i grandi investitori riescono a generare profitti da capogiro e anche consecutivamente, con i benefici che ne conseguono… Praticamente le cose stanno diversamente perché solo una piccola parte degli investitori presenti sul mercato riesce a mettere le mani sulla fetta più grande della torta, altri riescono a prenderne un pezzettino, altri meno, e molti altri perdono tanti soldi. Purtroppo ci sono anche persone che hanno perso il loro risparmi e si sono indebitate per aver partecipato a questo "gioco" che si fa con i soldi veri, ed è pieno di rischi specialmente per chi è alle prime armi.

Il trading è una attività seria che richiede esperienza, competenza e soprattutto nervi saldi. Il potenziale è molto grande e permette di generare profitti anche molto elevati grazie allo strumento di "leva finanziaria" che vedremo dopo, ma questo non significa che sia semplice e non richieda particolari abilità! Al contrario richiede un certo studio sulla comprensione dei mercati, degli strumenti, dell'economia, analisi e tanto altro… Possiamo fare trading come attività secondaria oltre il nostro normale lavoro al fine di arrotondare, oppure come alcuni professionisti, dedicarci a tempo pieno in questi investimenti, la scelta che faremo dipenderà da tanti fattori. Ad esempio, abbiamo un budget sufficiente? Non tutti i nostri risparmi! Ma una piccola parte di questi che non vadano oltretutto ad intaccare la nostra stabilità familiare. Abbiamo il tempo per dedicarci al trading? Il trading è un tipo di attività adatta a noi? Se si, dove vogliamo arrivare?

Bene, queste sono domande a cui dovremmo rispondere prima di iniziare, proprio perché ci aiutano a capire se è veramente la scelta giusta per noi oppure se non lo è affatto, facendoci risparmiare molti soldi e soprattutto molto tempo! Gli argomenti trattati in questo libro ti chiariranno molte idee e ti aiuteranno a fare la tua scelta.

Questo libro ti aiuterà a capire cos'è un broker e una piattaforma, e come scegliere tra i tanti che puoi trovare in rete, ti aiuterà a capire quali sono gli strumenti utilizzati nel trading e quali sono le differenze, in particolare parleremo del mercato forex, dei rischi ad esso connessi, e altro ancora.

Come tutti sappiamo, quando si vuole iniziare qualcosa di nuovo, un libro può essere un grande aiuto ma non è di certo sufficiente... Bisogna entrare fisicamente in quel mondo, fare pratica, commettere errori e trarne esperienza, prendere esempio da altri più bravi di noi, analizzare le loro storie e esperienze, e così via. Quindi questo libro può essere per te il primo passo e l'inizio verso un lungo percorso.

# LE BASI

# L'INIZIO

In questo primo capitolo parleremo di cos'è il trading, del broker e di come sceglierlo ma ancora prima di questo bisogna chiarire alcuni aspetti che saranno decisivi per la tua scelta. Tieni presente che il trading non è un gioco e dovrai imparare moltissime cose, soprattutto saper interpretare grafici come questo:

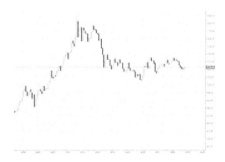

Vedremo i tipi di grafici più avanti, ma quello che conta, è capire fin da subito che il trading richiede un certo impegno e non può essere considerata un'attività semplice.

Se stai leggendo questo libro perché vuoi saperne di più per valutare la scelta allora sei sulla strada giusta, se invece stai leggendo perché vuoi buttarti a capofitto e hai già dato per scontato di voler fare trading ti consiglio di fermarti un attimo e riflettere su quello che leggerai.

# PRINCIPIO DI PARETO

Vilfredo Pareto (1848-1923) è stato un grande economista e sociologo italiano. Nel 1897 egli dimostrò che in Italia soltanto il 20% della popolazione possedeva l'80% delle terre e di conseguenza, l'80% della popolazione possedeva il restante 20%. Queste percentuali mettono in chiaro un fenomeno che si è ripetuto sistematicamente e che tutt'ora si ripete, un fatto statistico insomma, che ha preso il nome di Principio di Pareto conosciuto anche come Principio della scarsità dei fattori.

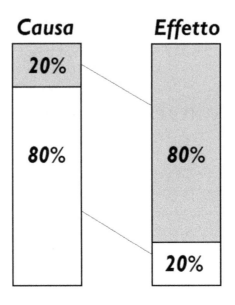

Certamente questo non è un libro di statistica e non andremo ad approfondire i numeri che dimostrano l'applicabilità di questo principio, facendo una ricerca è possibile trovare moltissimi esempi che dimostrano il costante verificarsi di questa legge 80/20, noi ci limitiamo in questo capitolo al concetto generale per poter trarre una riflessione importante.

Se stai pensando che fare trading sia facile o anche più in generale, che fare i soldi online sia facile, il primo muro che incontrerai sarà proprio la legge 80/20. Questo principio statistico ci dice che l'80% della ricchezza è in mano al 20% della popolazione quindi già con queste due percentuali viene spontanea la prima domanda: dove sono posizionato io tra le due? Nel 20% della popolazione o nell'80%? Chi può dirlo! Questo potrai scoprirlo solo dopo aver provato e riprovato, in base ai risultati potrai in qualche modo classificarti, prima di questi risultati non potrai saperlo facilmente.

Ora, prova a riportare queste percentuali nel mondo del trading, sapevi che il 20% degli investitori genera l'80% dei profitti? Il restante

80% dei trader invece? Beh una piccola parte genera il restante 20% dei profitti, il resto genera una enorme parte di perdite. Vogliamo fare un paragone con la lotteria? Certo il trading non centra nulla con la lotteria ma prendiamolo per buono in modo da capire ancora meglio, quale sarà la percentuale della popolazione che vince alla lotteria? E la percentuale dei perdenti? Potete indovinare? Esatto, 80/20, o se non di preciso ci si va molto vicino.

Che significa tutto questo? Innanzitutto prova a pensare di iniziare domani mattina a negoziare titoli o qualsiasi cosa tu voglia, c'è una buona probabilità che tu faccia parte di quella percentuale che genera perdite e fa guadagnare quel 20% degli investitori che prende la parte più consistente. Proprio così, la maggior parte si butta a capofitto presa dall'idea di guadagnare soldi senza lavorare e soprattutto, subito. L'unica cosa che otterranno subito sarà far guadagnare quel 20% (che non aspetta altro che questo).

Allora come faccio a far parte di quel 20% che raggiunge risultati strabilianti? Bisognerebbe chiederlo direttamente a loro, ma una cosa è certa, se fai una lista dei nomi che hanno fatto grandi numeri nel trading e li analizzi, scoprirai che non sono degli sprovveduti. Hanno dalla loro parte una serie di fattori che garantiscono il loro successo, l'informazione ad esempio, alcuni di loro hanno accesso alle informazioni che cambieranno il mercato ancora prima che queste vengano divulgate, hanno tanta esperienza, e soprattutto tanto capitale.

Cerca di tenere in considerazione questa legge 80/20 perché se deciderai di iniziare dovrai scontrarti con lei tante volte e potrai capire in anticipo in che direzione andare senza illuderti di fare grandi profitti come se niente fosse. Un grande errore che molti fanno è proprio quello di voler copiare i grandi investitori... Puoi certamente prendere esempio da loro cercando di imparare e di emulare i loro movimenti, ma non dimenticare ch e almeno all'inizio non sarai come loro e quindi rischierai di pagare certe leggerezze.

# SICURO DI VOLER INIZIARE?

Il mercato in cui cercherai di muoverti sarà molto insidioso e pieno di specchietti per le allodole, per cui sarà bene valutare con attenzione questa scelta. Prova ad analizzare quali sono le ragioni che ti spingono ad iniziare con il trading, forse la necessità di guadagnare più soldi? Oppure hai deciso di voler diventare ricco? Stai pensando di arrotondare sfruttando il trading come seconda attività oppure vuoi che diventi la tua attività principale? Sei solo un appassionato e ti la sfida?

Bene, proprio a queste domande devi prestare attenzione prima di iniziare qualsiasi altra cosa, probabilmente vorrai saltare questo capitolo ed andare direttamente a capire quali sono gli strumenti da utilizzare ma ti consiglio di soffermarti un attimo e di essere sincero con le tue risposte. Se grazie a queste domande riuscirai a capire che il trading non fa per te, sarà comunque un successo poiché avrai risparmiato tempo, soldi, e avrai aperto le porte a nuove possibilità più adatte a te.

Se la tua intenzione è quella di diventare ricco con il trading, ricorda che questa è una delle intenzioni più comuni e ricorda anche quello di cui abbiamo parlato prima, la legge 80/20 che non rende affatto facile la realizzazione di questo intento. Non è affatto facile, alcuni ci sono riusciti, il trading rende possibile la realizzazione di questo obiettivo ma non lo rende facile affatto, anzi i rischi sono molti. La maggior parte dei trader riesce a guadagnare piccole cifre, altri guadagnano e perdono rendendo il loro profitto costantemente prossimo allo zero, in fondo tutti guidiamo la macchina, ma quanti di noi sono in formula 1? Vale lo stesso per il trading, non ci sono strade luccicanti o pulsanti da premere per stampare soldi in pochi minuti.

Attenzione all'idea di diventare ricco, potrebbe schiacciarti... Magari hai cercato strade alternative al lavoro e ti sei imbattuto nel trading pensando di aver trovato finalmente il metodo nascosto per risolvere tutti i tuoi problemi finanziari. Non farti prendere dall'entusiasmo e soprattutto dalla voglia di stravolgere la tua situazione economica, prenditi tempo, magari inizia con un conto demo gratuito e valuta con calma perché con il tempo scoprirai tanti altri modi per generare profitto, magari anche più vantaggiosi del trading e potrai valutare con più lucidità quale è il migliore per te.

Se la tua intenzione invece è quella di generare profitti extra oltre quelli del tuo lavoro ordinario, allora puoi pensare di intraprendere questo percorso investendo una piccola parte del tuo capitale (senza danneggiare il bilancio familiare) nel trading, generando piccoli profitti da piccoli investimenti ripetuti nel tempo, che nell'arco del lungo periodo assumono una certa rilevanza. Questo modo di procedere il più consigliato, soprattutto all'inizio proprio perché mette in condizione l'investitore di continuare con il suo lavoro e utilizzare piccole parti del suo guadagno per degli extra senza però cadere in una certa trappola, ossia quella di lasciare il proprio lavoro per dedicarsi a tempo pieno al trading. In pochi riescono a farlo, puoi provare ma è altamente sconsigliato perché basta poco per mandare in frammenti i propri risparmi, il capitale accumulato e rimanere senza un soldo e senza lavoro (senza parlare dei debiti). Il consiglio è sempre quello di mantenere il proprio lavoro stabile e fare affidamento su quello, in seguito, se i risultati degli investimenti saranno tali da garantire una certa sicurezza e superare di gran lunga il reddito ordinario del lavoro, allora si potrà anche pensare di fare questa scelta, ma i rischi ci saranno comunque.

Infine, se stai pensando che il trading ti piace proprio per i suoi rischi, ti piace la sfida e lo prendi come un gioco, dovresti imparare a gestire determinati impulsi. Sappiamo che chi investe e fa trading, deve avere una certa dose di sangue freddo per poter effettuare certe operazioni ma questo non significa farsi guidare interamente dagli impulsi come fosse gioco d'azzardo. Non è la stessa cosa infatti... Nel trading l'obiettivo è quello di ridurre ai minimi termini quella che viene definita "fortuna", cercando di ottenere risultati con un certo grado di previsione e precisione che si affineranno con l'esperienza. Inoltre bisogna avere un capitale a disposizione per potersi permettere di "giocare" con queste operazioni di trading senza creare danni collaterali irreparabili.

Se hai risposto sinceramente a queste domande sei sicuramente un passo avanti a molte altre persone e le tue idee cominciano a chiarirsi, specialmente se continuerai ad analizzare questi aspetti anche successivamente. Non dimenticare però che come trader devi essere in grado di risparmiare, o quanto meno devi avere questa caratteristica perché per investire un capitale devi prima averne uno.

Chi ha l'abitudine di spendere soldi con facilità, difficilmente avrà messo da parte del denaro da investire e soprattutto non saprà gestirlo in maniera efficiente. Una corretta educazione finanziaria è fondamentale anche al di fuori del trading poiché permette di ottimizzare le risorse e di tirarne fuori anche una parte per arricchirsi. Quando questo avviene ci si chiede: e ora cosa posso fare con questi soldi? Ci sono molte strade per amministrare capitale accumulato, sfruttarlo nel trading è una di queste per fare in modo che questi soldi aumentino gradualmente nel tempo e ci diano qualche bella soddisfazione, in ogni caso sarebbe meglio chiedere consiglio a chi ne sa più di noi prima di fare da soli.

Abbiamo parlato di soldi, ma quanti? Questo dipende da voi ovviamente ma per fare un esempio, per iniziare ad avere guadagni consistenti è necessario avere da parte qualche migliaio di euro. Se ad esempio avete a disposizione 3.000 euro e riuscite ad investire con successo replicando il mercato, potete trarre il profitto in base alle percentuali di oscillazione, se è l'1%, avete guadagnato 30 euro meno le commissioni. Poco? E se riuscite a farlo spesso? Ecco che a fine mese il cambiamento si stente. Ma purtroppo non è proprio semplice, perché nella maggior parte dei casi vi capiterà di guadagnare qualche volta e andare in perdita il doppio delle volte, anche gli investitori esperti ne sanno qualcosa... Ad ogni modo se partite con piccole cifre (sacrificabili) e imparate a farlo, potete poi passare a cifre più grandi e replicare i vostri successi il maggior numero delle volte, minimizzando quelle che sono le perdite (che non possiamo purtroppo eliminare). Il vantaggio sarà che con capitali più consistenti avrete la possibilità di investire in operazioni meno rischiose, guadagnando meno (in proporzione) ma con più frequenza e stabilità, all'inizio invece cercherete di avere guadagni tangibili investendo piccole cifre, ma questo comporta anche un rischio più elevato.

Per iniziare devi chiederti anche se ti senti pronto ad investire i tuoi soldi, considerando che mediamente un trader mette in gioco circa una decima parte del suo capitale, e se il capitale è grande, la decima parte non è poca. Un esempio? Beh se avete da parte 200.000 euro e ne guadagnate la decima parte di profitto in 30 giorni, di quanto parliamo? 20.000 euro! Non male vero? Non dimenticate i rischi, stiamo facendo solo esempi teorici perché nella realtà dei fatti non è così semplice. Chiediti anche se sei disposto a perdere perché è una condizione indiscutibile nel trading, il rischio, la perdita, la sfida sono parte integrante del trading e dovrai farci l'abitudine, imparando a gestirle senza farti prendere dalle emozioni. Se vuoi fare le cose per bene, sii disposto a passare i primi mesi a studiare e a formarti prima di iniziare con soldi veri.

# COME FUNZIONA L'INVESTIMENTO?

Quando metterai i tuoi soldi in un fondo, sarà bene capire cosa stai acquistando perché il mercato azionario è una entità complessa e che richiede un minimo di conoscenza di base e di accettazione del rischio. Conoscere in anticipo quali saranno i movimenti del mercato abbasserà le probabilità che tu subisca un duro colpo con conseguenti perdite.

Un fattore determinane consiste nel conoscere quali sono gli stock che stai acquistando, quando acquisti e vendi un titolo sul mercato dovresti sapere che stai negoziando oggetti reali, parti di una società. Non parliamo di oggetti inconsistenti ma di una condivisione fisica di una porzione di società oppure del prodotto di cui diventerai parzialmente proprietario.

Ovviamente parliamo di porzioni molto piccole poiché potresti far parte di quel gruppo di azionisti (parliamo di milioni di azionisti) che hanno acquistato una piccola porzione ma il principio di base non cambia, fino a quando non venderai quel piccolo pezzettino, ne sarai proprietario con tutte le responsabilità che ne conseguono.

Prendiamo come esempio un'abitazione e mettiamo caso che non sia stato tu ad acquistarla ma un tuo amico che ti chiede di prendertene cura per un tempo abbastanza lungo. Col tempo sicuramente acquisterai degli oggetti per arricchire la casa, come ad esempio mobili per la cucina, vernice per i muri, lampade ecc... arrivando al punto di credere che in parte quella casa sia parzialmente di tua proprietà. Purtroppo facendo i conti, il tuo investimento in oggetti risulterebbe minimo in confronto al reale valore della casa e dei soldi che il tuo amico ha sborsato. Tuttavia fin quando te ne prendi cura potrai in qualche modo giustificare di far parte dell'investimento ma nel momento in cui uscirai dalla casa, questa non sarà minimamente di tua proprietà.

Ora considera che nel mercato, il valore di una azienda e dei suoi prodotti è soggetta a continue variazioni e di conseguenza, anche le azioni che avrai acquistato subiranno lo stesso trattamento, anche più volte durante le 24 ore. Nel momento in cui il prezzo di una certa azione scende (è a ribasso) allora quello è il momento più opportuno per acquistarla. Questo è il comportamento che puoi adoperare all'inizio in quando meno costoso e ti permetterà di muovere i tuoi primi passi, meglio se accompagnato da un broker che ti fornirà tutte le informazioni per capire su quale titolo investire e in quale momento.

Una volta che avrai acquistato il tuo primo titolo diventerai a tutti gli effetti un azionista, e il tuo titolo inizierà a variare il suo valore continuamente. Quello che ti aspetti è che il titolo acquistato a basso prezzo aumenti di valore nel tempo, saltando da un valore ad un altro, ed una volta che avrà raggiunto un picco allora sarà il momento di vendere. Possiamo dire che questo è un principio generale del commercio in quanto tutti coloro che entrano in un mercato cercano di acquistare un oggetto ad un prezzo vantaggioso per poi rivenderlo ad un prezzo più alto e intascare la differenza .

In teoria, cercherai sempre di vendere i tuoi titoli ad un prezzo significativamente più alto di quello a cui li hai acquistati, infatti non è nelle tue intenzioni vendere quando il prezzo delle tue azioni è sceso rispetto a quello di acquisto. Logicamente tu stai cercando di trarre un profitto da tali operazioni e non vuoi perdere tempo con titoli che ti manderanno in perdita, quindi supponiamo che tu abbia acquistato delle azioni di una società per 30 USD l'una, non andrai a venderle quando scenderanno a 20 USD ma aspetterai che salgano a 40 o 50 USD. Ma questo era solo un esempio per rendere tangibile il concetto di profitto, i profitti varieranno in funzione del rischio, addirittura fino moltiplicarsi se userai una leva finanziaria.

Per svolgere una qualsiasi attività bisogna prepararsi in anticipo, almeno per capire di cosa si tratta e poi fare i primi passi con la pratica. Saltando questo passaggio, il tentativo di trarre profitto con alle spalle una conoscenza superficiale, porterà sicuramente ad un disastro a prescindere da quelle che sono le tue intenzioni o motivazioni personali. Anche nel trading e quindi nel mercato valgono le stesse norme, infatti se cerchi di iniziare direttamente con un investimento ad alto rischio senza aver imparato prima l'abc di base, il risultato sarà abbastanza scontato.

Siamo sicuri quindi che avere una conoscenza di base sia fondamentale per lo svolgimento di qualsiasi attività e quindi anche del trading. Più elementi abbiamo, meno probabilità ci sono di commettere errori grossolani, ricorda quindi che il più grande investimento che puoi fare non riguarda il trading, ma le tue abilità e conoscenze... usa il tuo tempo per studiare e capire come essere sempre un passo avanti, questo è il più grande investimento.

Possiamo paragonare il trader professionista ad un pilota di elicotteri. Prima di iniziare a pilotare effettivamente l'elicottero, il pilota impara a familiarizzare con il volo, impara i principi di base dell'elicottero, la strumentazione, l'aerodinamica, le radio, e per un certo periodo si limita a padroneggiare queste componenti. Ad un certo punto l'istruttore comincia a lasciargli i comandi per le prime volte, poi completamente e alla fine il pilota è pronto per decollare da solo ed effettuare i primi semplici voli fino ad arrivare a cose più complesse. Non dovrà essere un genio del volo oppure un esperto di progettazione di elicotteri, sarà sufficiente che conosca le funzioni di base necessarie e che le sappia usare.

Nel mercato azionario funziona più o meno allo stesso modo, prima di iniziare impari a conoscere le terminologie utilizzate e le funzioni di base di un software, impari a leggere i grafici e ad interpretarli, impari le diverse tipologie di strumenti e cosa sono in grado di fare, iniziando ovviamente dalle cose più semplici, esattamente come farebbe un pilota.

Il tuo primo investimento dovrà essere scelto tra quelli più stabili e che subisca delle fluttuazioni minime, investendo piccole somme e facendoti aiutare dai broker che ti guideranno nella scelta dei migliori investimenti e nelle migliori decisioni di acquisto e vendita presenti sul mercato. Più avanti in questo libro parleremo proprio della scelta del broker che sarà fondamentale per avere successo nelle prime operazioni senza subire ingenti perdite. Precisiamo ancora una volta però, che questo libro non parla di analisi tecnica e non è adatto ad un trader già esperto, quindi le informazioni presenti sono di natura informativa per orientare un trader neofita nel mondo del trading, affrontando molti concetti anche a livello decisionale che saranno utili per consolidare o modificare le proprie scelte.

# TORI E ORSI

Durante lo studio del mercato sentirai parlare spesso anche di Tori e Orsi (Bulls e Bears), termini usati per riferirsi ad un fenomeno tipico del mercato, un andamento che può essere identificato molto chiaramente guardando un grafico specifico. Come sai l'andamento del mercato viene definito "volatile" proprio per la sua capacità di modellarsi e modificarsi spesso anche nell'intervallo giornaliero, traducendosi in picchi verso l'alto o verso il basso ben visibili sul grafico, spesso chiamati "rimbalzi". Per spiegare meglio cosa intendiamo per rimbalzo, supponiamo che il valore di una azienda e dei suoi titoli precipiti verso il basso lasciando poca fantasia alla possibilità di recuperare il tutto.

Apparentemente la prima ipotesi che potremmo fare sarà che quell'azienda sia in procinto di fallimento, e che presto sparisca letteralmente dal mercato. Improvvisamente, l'azienda lancia un nuovo prodotto sul mercato e ottiene letteralmente un boom di vendite, immaginiamo un prodotto di elettronica molto innovativo che tutti aspettavano da tempo. Questa mossa inaspettata dell'azienda farà salire la domanda sul mercato e il prezzo delle azioni risalirà in modo molto significativo lasciando tutti in balia dell'effetto sorpresa. Sostanzialmente quello che è successo può essere descritto proprio come un rimbalzo poiché l'azienda era arrivata sull'orlo del fallimento facendo scendere il valore delle sue azioni ed improvvisamente, con un nuovo prodotto, il valore delle azioni risale fino a superare la sua situazione precedente.

Nel mercato questi fenomeni sono molto comuni e troverai spesso situazioni in cui potrai riconoscere questi rimbalzi, più o meno marcati, e identificare quali sono gli andamenti chiamati Bear (Orso) e quali Bull (Toro). Quando parliamo di Orso utilizziamo il termine "Bear market" o ancora meglio "mercato rialzista", quando invece parliamo di Toro utilizziamo il termine "Bull market" o "mercato ribassista".

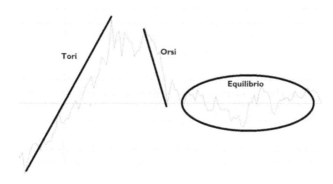

Questi termini sono da sempre considerati i simboli per descrivere il buono o il cattivo andamento del mercato e sono associati al comportamento di questi due animali, infatti se pensiamo all'andamento del mercato che scende (a ribasso) possiamo paragonarlo alla zampata di un orso, se invece pensiamo a un andamento ascendente (a rialzo) lo paragoniamo all'incornata di un toro.

Per esempio, se ci sono sezioni che stanno scendendo verso il basso molto rapidamente, anche del 20% nell'arco di alcuni giorni, allora lo chiameremo Bear market. Se possiedi titoli che stanno scendendo rapidamente, puoi pensare di venderli prima che scendano sotto il valore a cui li hai acquistati oppure di trattenerli aspettando che risalgano, se invece sono già scesi sotto quel valore allora potresti venderle minimizzando le perdite senza aspettare che scendano ulteriormente. Nel caso in cui siano scesi molto, quindi Bear market, puoi prendere il rischio ed aspettare che rimbalzino improvvisamente verso l'alto come Bull market (sempre che questo accada).

Per approfondire meglio:

- Possiamo dire che **il Bear market** o mercato ribassista, la domanda è inferiore rispetto all'offerta con la presenza di un maggior numero di persone con l'intenzione di vendere anziché di acquistare, con conseguente abbassamento dei prezzi. Quando questo avviene, gli investitori iniziano a preoccuparsi di tale situazione spostandosi su investimenti più promettenti, peggiorando ulteriormente la situazione. Come se non bastasse, poiché l'azienda non riesce più a produrre profitti significativi, viene svalutata dal mercato con un ulteriore calo dei prezzi.

- Quando invece siamo di fronte al **Bull market** o mercato rialzista, la domanda è superiore rispetto all'offerta e un gran numero di persone è intenzionato ad acquistare mentre poche sono disposte a vendere, causando quindi un aumento dei prezzi. In questo caso gli investitori cominciano ad interessarsi di tale situazione manifestando fiducia, che si traduce sul mercato in un aumento dei prezzi.

# COS'È IL TRADING?

Con il termine "trading" ci si riferisce ad un modo di investire in borsa, in particolare parleremo di trading online (TOL). Grazie al trading online, è possibile acquistare, oppure vendere titoli finanziari attraverso l'uso di un computer o di uno smartphone. Chi pratica questa attività, vuole essenzialmente guadagnare dalla differenza che si viene a creare tra il prezzo di vendita e quello di acquisto. Sicuramente, è necessario studiare, o almeno informarsi, sul funzionamento dei mercati finanziari poiché non è una attività facile, anzi, comporta molti rischi ed è possibile perdere i propri soldi specialmente se si è alle prime armi e non si riesce a governare le proprie emozioni, fortemente influenzate dall'andamento delle quotazioni. Bisogna considerare che tra le varie strategie che si possono attuare, non esiste una in particolare che vada bene per tutti, infatti si cerca di adattare le strategie in funzione delle proprie caratteristiche psicologiche. Ad esempio, non tutti sono portati all'attuazione di una strategia a lungo termine.

L'acquisto e la vendita dei titoli avviene attraverso l'uso di software chiamati "piattaforme di trading", forniti direttamente da società finanziare dette " broker online". Queste piattaforme sono strumenti che permettono di fare trading a basso costo investendo il proprio denaro poiché le commissioni sono basse, e si ha accesso ad altri strumenti che analizzano i dati in tempo reale. Senza questi strumenti risulterebbe difficile per l'investitore scegliere quale strategia attuare e in quale momento farle. Inoltre si ha accesso ad altri strumenti finanziari, che analizzeremo in seguito, come ad esempio l'ETF, ETC, ETN, CW, CFD, Certificate, Azioni, Obbligazioni, Derivati, Future, Opzioni, Forex.

Il TOL è uno strumento utilizzato da tutti coloro che intendono investire il proprio denaro individualmente ma implica ovviamente uno studio ad ampio spettro su quelli che sono i meccanismi del mercato, che per sua natura tende a cambiare molto rapidamente e spesso senza preavviso. Come accennato prima, resistere ad una strategia a lungo termine può risultare molto scoraggiante, specialmente quando si inizia a vedere che il mercato produce più volte risultati contrari a quelli che ci si aspettava.

# PERCHÈ INIZIARE TRADING

Se hai tempo per dedicarti al Trading e stai cercando di aumentare le tue entrate economiche, il commercio delle valute può essere un modo per guadagnare quel reddito extra. Attraverso il mercato forex ad esempio, hai la possibilità di fare trading da qualsiasi luogo e in qualsiasi momento grazie all'utilizzo di un laptop e una connessione internet. Il Trading forex può essere una attività in grado di generare un reddito online e non richiede particolari requisiti o esperienza. Per iniziare può essere sufficiente frequentare un corso di formazione ed acquisire le informazioni necessarie. Come ti anticipavo nell'introduzione, in questo libro potrai conoscere le informazioni di base per avvicinarti a questo mercato. Perché dovrei iniziare a commerciare nel mercato forex e non in un altro mercato? Analizziamo alcune caratteristiche di questa attività.

- **Costi bassi**: I costi di transazione nel forex sono molto bassi anche se scambi piccoli volumi.
- **Leva finanziaria**: Puoi controllare uno standard di $ 50.000 con un piccolo investimento di $ 500 ed esistono alcune

società di brokeraggio che consentono di controllare grandi quantità di valute con capitali anche più piccoli.

- **Trasparenza**: Nel mercato forex ottieni esattamente ciò che vedi e quindi non devi aspettarti sorprese.
- **Entrambe le direzioni**: Nel mercato forex puoi acquistare o vendere in entrambe le direzioni, quando sale e quando scende.
- **Flessibilità**: La flessibilità del tempo è uno dei vantaggi di questo trading. Lo scambio di valute elettroniche è in continuo movimento a livello globale. Il mercato forex opera 24 ore su 24 e questo ti permette di partecipare ad un trade quando vuoi.
- **Potenziale illimitato**: Nel mercato forex si sviluppano volumi giornalieri di centinaia di miliardi di dollari che fanno di questo mercato il più grande rispetto agli altri.

# COS'È UN BROKER

Probabilmente hai già esperienza nel forex, oppure vorresti cominciare ma non sei ancora sicuro di avere tutte le informazioni. Tuttavia, potresti voler sapere cosa è un broker forex e di cosa si occupa.

I broker forex sono individui o società che assistono singoli commercianti e aziende quando operano nel mercato forex. Poiché non è possibile operare direttamente nei mercati finanziari, esiste appunto la figura del broker che svolge il ruolo di intermediario acquistando e vendendo titolo per conto del cliente (trader). Questi broker lavorano attraverso piattaforme online in cui bisogna iscriversi ed aprire un conto in modo tale da inviare al broker i nostri ordini di acquisto o di vendita riguardo i titoli finanziari. Queste persone possono davvero darti quel vantaggio in più che ti serve per avere successo nel mercato forex. Anche se si occuperanno di gestire il tuo conto, potrai prendere in mano la situazione in ogni momento e intervenire sulle scelte decisive. Il compito di un broker è quello di aiutarti a gestire il tuo capitale in cambio di una piccola commissione, lo spread. Sono diversi i servizi che può offrire un broker come ad esempio darti consigli riguardo le quotazioni in tempo reale, consigliarti su cosa poter vendere o comprare in base alle notizie e all'andamento del mercato, può fornirti dei dati per aiutarti a prendere decisioni oppure puoi delegare a lui questo compito .

# COME SCEGLIERE UN BROKER E LA PIATTAFORMA ONLINE

Ci sono molte pubblicità in internet e molti siti che invitano a scegliere determinati broker, se stai effettuando una ricerca, quest'ultima potrebbe rivelarsi abbastanza ostica specialmente se è la prima volta che ti avvicini a questo mercato. Come trader forex, potresti essere confuso su quale broker assumere. Ogni broker forex offre grandi profitti e quotazioni e sarà difficile sceglierne uno valido e affidabile. Per prima cosa hai bisogno di selezionare una serie di broker validi, analizzarli, contattarli, e successivamente scegliere quello che ti sembra il più affidabile. Per poter fare questo devi prima controllare la quantità di clienti che questi broker servono. Maggiore è il numero dei clienti che servono maggiore è la possibilità che questi broker siano affidabili. Un'altra cosa che dovresti conoscere è la quantità di scambi che questi broker stanno conducendo. Se riesci a confrontare queste informazioni potrai fare una stima ed avere un indice di affidabilità abbastanza alto. Se stanno gestendo il capitale di molti trader, è molto probabile che i trader ripongano nel broker molta fiducia e se effettuano molti scambi con successo da molto tempo può essere un segnale che quel broker sia quello giusto. In caso è bene stabilire subito un rapporto di comunicazione con il proprio broker e non esitare a chiamarlo o inviare email per porre domande relative al proprio sistema di negoziazione. Non dovresti mai avere dubbi nel farlo, ricorda che saranno loro a gestire i tuoi soldi e quindi hai il diritto di sapere cosa stanno facendo con essi. Nella scelta di un broker forex, dovresti anche considerare le loro opzioni di trading, infatti non tutti offrono lo stesso identico servizio. Differiscono in piattaforme, leva e spread.

Fortunatamente la maggior parte delle piattaforme online offre ai clienti un account demo, e questo ti permette di testare la loro piattaforma senza perdere denaro vero. Assicurati però che l'account demo funzioni correttamente, ossia esattamente come se fosse reale. Se dopo queste considerazioni ti senti a tuo agio con una determinata piattaforma di trading, puoi prendere in considerazione l'idea di iniziare a fare trading con loro, al contrario, se non sei pienamente convinto non è il caso di iniziare.

Può sembrare banale ma è sempre meglio prendersi il proprio tempo per valutare e studiare l'opportunità che abbiamo di fronte, evitando di farsi prendere dall'entusiasmo e dalla fretta di ottenere risultati a breve termine. Questo è l'errore più comune nella maggior parte dei casi, e porta come risultato lo scoraggiamento del trader che non vedendo risultati o peggio ancora perdendo capitale, decide di rinunciare senza rendersi conto che in realtà i suoi errori potrebbero essere nati da una scelta sbagliata e poco consapevole a causa delle valutazioni influenzate dal troppo entusiasmo e soprattutto dalla fretta.

Fare trading nel mercato forex è un'operazione che deve essere effettuata attraverso l'uso di un broker o un market maker che si occupa di avviare e completare le nostre operazioni. La scelta del broker giusto è un passo fondamentale poiché in molti casi questo può rivelarsi pericoloso. Non tutti i broker possono essere considerati affidabili e adatti ad applicare strategie corrette e in alcuni casi vi è il rischio di truffa. Attualmente puoi trovare broker forex in ogni angolo del mondo ma ci sono alcune considerazioni che dovresti fare per valutare la scelta.

- **Trasparenza** : Attenzione ai broker che non sono disposti a condividere informazioni finanziarie della propria azienda, non è consigliabile in questo caso negoziare con loro visto che la mancanza di trasparenza può essere un tentativo di mascherare intenzioni di truffa e quindi non è vantaggioso per loro condividere le informazioni aziendali. Dovrebbero infatti rispondere alle tue domande su come gestiscono i soldi dei loro clienti e su come scambiano quei soldi. Usare il buonsenso quindi non è mai un errore, se ad esempio vedi che un broker offre un servizio molto allettante, che oltretutto è un po' troppo vantaggioso rispetto ad altri, probabilmente è troppo bello per essere vero.

- **Mercato rischioso**: Come dicevo prima, la trasparenza deve essere un parametro fondamentale, il mercato forex è un luogo molto rischioso e i broker forex sono tenuti ad avvisarti, mettendoti a conoscenza di tali rischi nel trading e nel mercato forex. Evita di assumere un broker forex che cerca di rassicurarti continuamente sul fatto che il trading sia una processo facile e un ottimo mercato per fare soldi con rischi molto bassi.

- **Regolarità**: Devi assicurarti che il broker che stai scegliendo abbia le qualifiche necessarie per svolgere tale attività e soprattutto che sia autorizzato da CONSOB (Commissione Nazionale per le Società e la Borsa ). La CONSOB agisce in base alla normativa europea MiFID che impone ai broker di applicare trasparenza e protezione del denaro dei trader attraverso regole molto rigide.

- **Controlla lo spread**: Lo spread è dato dalla differenza tra i prezzi Bid e Ask delle valute che scambi. Sostanzialmente con Bid si identifica il prezzo al quale è possibile vendere mentre con Ask il prezzo al quale è possibile acquistare. La cosa che devi sapere è che i broker non effettuano commissioni sul tuo trade e sono assolutamente gratuiti, i broker infatti ottengono lo spread come compenso. Il tuo broker può anche offrire spread fissi o variabili in funzione delle condizioni del mercato.

- **Strategia**: Quale strategia di rollover utilizza il vostro broker? Inoltre, hanno requisiti o condizioni in merito al guadagno di interesse su eventuali rollover.
- **Contratto**: Ricordati di leggere attentamente il contratto per sapere come il tuo broker può gestire i tuoi scambi. Se trascuri alcuni dettagli rilevanti, puoi perdere soldi per il tuo primo scambio. Quindi prenditi il tempo di leggere i dettagli e chiedi ai broker qualsiasi domanda in modo tale da chiarire qualsiasi tuo dubbio e non lasciare nulla al caso.

Inoltre quando ti trovi a scegliere la piattaforma online dove operano i broker, assicurati che questa sia facile da usare, verifica che il livello minimo del deposito sia idoneo alle tue esigenze, verifica la disponibilità degli assets, verifica che vi siano strumenti di trading avanzato, e assicurati anche della disponibilità del conto gratuito con una versione demo illimitata.

Questi sono gli aspetti generali che dovresti prendere in considerazione quando cerchi un broker forex e la relativa piattaforma. Ovviamente questi aspetti possono variare in base all'esperienza del trader e in base anche alle sue esigenze, ad esempio, un trader alle prime armi preferirà sicuramente una piattaforma che consenta un deposito minimo molto basso, al contrario, un professionista potrebbe essere orientato su delle piattaforme che offrano un maggior numero di strumenti. Se trovi il broker giusto, puoi cominciare a pensare di poter davvero guadagnare denaro.

Per quanto riguarda i costi delle piattaforme, questi ultimi variano in funzione dei servizi e delle funzionalità disponibili, generalmente è in forma di canone mensile ma esistono anche piattaforme gratuite (ovviamente con funzionalità limitate) che sicuramente non sono adatte ad investitori professionisti con una certa esperienza ed esigenza. Con il vertiginoso aumento di investitori negli ultimi anni, è salita la richiesta di funzionalità sulle piattaforme, i trader infatti prediligono le piattaforme con più funzionalità rispetto alle altre, con la massima disponibilità dei dati (aggiornati in tempo reale), e con una aspetto grafico intuitivo e funzionale.

Ecco alcune caratteristiche di una piattaforma online:

- -versione base gratuita
- -interfacciate tra loro (tutte le piattaforme devono riportare gli stessi dati)
- -aggiornamento in tempo reale
- -consentono la modifica e la revoca degli ordini in un click
- -cronologia delle negoziazioni
- -compatibilità su computer e smartphone con possibilità di accedere al conto in qualsiasi momento

Certamente, questi strumenti e queste funzionalità aiutano il trader a svolgere al meglio le sue operazioni, ma non bisogna dimenticare che l'intervento del trader e le sue decisioni hanno un ruolo primario in quanto i cambiamenti di mercato sono imprevedibili, e l'investitore dovrà attuare una strategia in grado di far fronte a questi cambiamenti. La strategia però, non può essere considerata come statica in un ambiente in continuo mutamento, quindi anche la strategia deve essere soggetta a cambiamenti, adattamenti e aggiustamenti per far integrarsi nel mercato. Un ingrediente fondamentale per ottenere tutto ciò, è l'esperienza, che si acquisisce soltanto con la pratica e purtroppo anche con una serie di errori commessi che fanno crescere la conoscenza e le abilità del trader, trasformandolo così da investitore neofita a trader professionista.

# COS'È IL FOREX?

Cerchiamo di capire in parole semplici che cosa si intende per forex. Il mercato forex (Foreign Currency Exchange) può essere definito come il mercato dei cambi. Un "luogo" dove le banche e le aziende che fanno affari a livello internazionale cambiano il denaro, in sostanza acquistano una valuta e ne vendono un'altra. Grazie a questo processo si possono ricavare profitti che derivano esattamente dalla differenza di valore tra le due valute, il tasso di cambio. Poiché le valute non sono più legate al valore dell'oro, i tassi di cambio sono costantemente fluttuanti. Un "trader" agisce quindi come uno speculatore aspettando il momento opportuno per effettuare questi scambi nel mercato forex, mercato dei cambi . Per svolgere queste azioni è necessario un piccolo acconto che servirà per controllare una somma molto più grande, quindi anche piccole variazioni di valore possono tradursi in profitti o perdite elevati. Il forex è il più grande di tutti i mercati, addirittura più grande di cento volte della Borsa di New York.

La grandezza di questo mercato comporta anche grande liquidità e di conseguenza c'è sempre un acquirente o un venditore pronto per effettuare operazioni per una delle principali coppie di valute. La maggior parte di questo commercio ha come scopo il profitto e solo il

5% delle transazioni fatte ogni giorno viene effettuata con lo scopo di cambiare le valute per affari o viaggi. Il mercato forex è addirittura così grande da non poter essere manipolato e persino le banche centrali non riescono ad influenzarli in modo significativo, come successe con la Banca d'Inghilterra nel 1992. Quando la Banca d'Inghilterra usò le sue riserve per sostenere la sterlina e contrastare l'euro, gli investitori contrattaccarono contro la sterlina e per un pure fattore di superiorità numerica travolsero la Banca d'Inghilterra .

Il forex è un mercato interamente virtuale poiché non esistono edifici in cui i compratori e venditori si incontrano fisicamente, o dove i broker si apprestano a svolgere le loro azioni. Tutto quello che avviene nel trading, avviene per telefono oppure online. Difatti è proprio online che i piccoli investitori commerciano attraverso i broker di valuta, che a loro volta effettuano i loro ordini attraverso grandi banche. Le commissioni che si determinano dallo svolgimento di questi processi, sono basse e si integrano nel tasso di cambio. Questo processo ha la durata di sei giorni. Il primo giorno di apertura avviene precisamente a Sydney con il lunedì mattina locale, successivamente a Tokyo, Francoforte, Londra, e termina a New York di venerdì sera. Possiamo dedurre quindi che in qualsiasi momento della settimana 24 ore su 24, vi sono delle valute che nel mondo vengono continuamente negoziate. Non importa l'orario, in qualsiasi momento vi sono opportunità per guadagnare soldi nel mercato forex. Sessioni di trading così lunghe danno l'opportunità agli investitori di speculare sui risultati degli eventi mondiali e sulle fluttuazioni del mercato in tempo reale. Ad esempio, se una nazione annuncia il rilascio di dati relativi alla sua crescita o declino economico o a scelte politiche che possono in qualche modo influenzare quest'ultima, gli investitori possono approfittare di questi eventi che avranno influenza sulla valuta del paese per procedere con i loro affari, indipendentemente dall'orario. Una volta il forex era un mercato chiuso ai piccoli investitori ed era ad uso esclusivo di banche, grandi multinazionali e dei maggiori investitori del mondo ma nel 2000 la legge ha aperto il mercato a tutti, e quindi anche ai piccoli investitori.

# UN PO' DI STORIA SUL FOREX

Come dicevamo nel capitolo precedente, consente di effettuare scambi tra le principali valute mondiali al fine di realizzare un profitto, e oltre ad essere considerato il meno complicato ha anche il vantaggio di consentire il trading 24 ore al giorno per cinque giorni alla settimana. Una combinazione piuttosto vincente che consente di generare molto profitto. La sua semplicità rispetto agli altri innumerevoli mercati e le rispettive opportunità di investimento, unita alla possibilità di operare ininterrottamente cinque giorni su sette, rende il forex un mercato estremamente appetibile .

In realtà i mercati di scambio di valute hanno origine molto antiche. Prima dell'uso delle prime monete, tutti gli scambi commerciali avvenivano attraverso il baratto limitando pesantemente il commercio. Le prime forme denaro comparvero durante il periodo dei Faraoni, varie valute cambiavano di regione in regione, i babilonesi furono i primi ad utilizzare delle ricevute cartacee o addirittura fatture con lo scopo di facilitare lo scambio di valute. Le monete venivano coniate con metalli preziosi, leghe o altri metalli pregiati. I romani ad esempio utilizzavano il sesterzio ma l'utilizzo di queste monete comportava la diminuzione della quantità di oro, generando quella che conosciamo come inflazione . Questa pratica ebbe un crollo dopo la caduta dell'impero romane e si riprese fino a svilupparsi sempre di più nel periodo del medioevo dove si arrivò a contare migliaia e migliaia di valute.

Successivamente la moneta subisce un'evoluzione ed iniziano a comparire le prime valute cartacee eliminando il problema delle grandi quantità di oro da dover trasportare. Contemporaneamente nascono le prime banche centrali, gli istituti di credito privato (in grado di stampare banconote) e nascono anche le prime truffe con conseguenti scandali (stampando moneta di carta senza avere la copertura di oro nei forzieri). Tra il 1876 (cento anni dopo la nascita degli Stati Uniti d'America) e la prima guerra mondiale, i mercati dei cambi valutari divennero molto stabili e questa stabilità fu influenzata dallo standard Gold Exchange. Ne consegue che le valute furono quindi dipendenti dai prezzi dell'oro. Tuttavia questo sistema comportava un grosso problema. Cosa succedeva quando i paesi si arricchivano molto? Sostanzialmente quando la ricchezza del paese raggiungeva determinati livelli, le importazioni aumentavano esaurendo le riserve auree, le stesse utilizzate per sostenere la valuta del paese! Conseguenza dopo conseguenza, tutto questo portava alla recessione che rendeva interessante l'occasione per altri paesi. Lo standard di scambio dell'oro che garantiva stabilità, in realtà, a lungo termine comportava non pochi problemi. Durante la grande depressione (1873-1895), i mercati delle valute estere divennero eccessivamente speculativi, aumentando addirittura di dieci volte la volatilità. Le cose erano fuori controllo, qualcosa doveva cambiare.

Tra il 1930 e il 1970, il mercato forex ha subito molti cambiamenti che tutt'oggi possiamo notare. Tutto questo portò a degli accordi nel 1944 quando i principali governi di tutto il mondo si riunirono a Bretton Woods, nel New Hampshire, per la creazione di un sistema monetario basato sul dollaro, rendendolo la valuta principale per gli scambi sulla quale far riferimento. Questo consentiva lo scambio di valuta estera permettendo all'economia di ciascun paese di mantenersi stabile. Quindi, l'Accordo di Bretton Woods fu creato sostanzialmente per unire le valute nel Fondo Monetario Internazionale (FMI) al fine di stabilizzare le economie mondiali. Gli istituti di emissione avrebbero potuto richiedere alla Federal Reserve lo scambio delle loro riserve di dollari in oro fisico. L'accordo fissava le principali valute mondiali contro il dollaro ad un tasso di 35 dollari per ogni oncia d'oro.

Fino alla seconda guerra mondiale, la Sterlina britannica (GBP) era la valuta con cui si misuravano la maggior parte delle altre valute. Durante la seconda guerra mondiale con l'avvento dei nazisti, la Sterlina britannica subì un crollo e il dollaro USA divenne il nuovo standard. Nonostante il dollaro (durante la grande depressione di fine 800') dovette subire una forte crisi, tornò a crescere proprio durante la seconda guerra mondiale quando furono le monete europee ad andare in crisi. Tuttavia l'accordo di Bretton Woods durò fino al 1971 quando il presidente Nixon ne decretò la fine, ma riuscì comunque a ristabilire la coerenza monetaria e la stabilità dell'Europa e del Giappone.

Il mercato forex come lo conosciamo, è nato nel 1973, dopo la fine del sistema Bretton Woods, lasciando i mercati liberi di oscillare in base alla situazione finanziaria dei singoli stati. Nel 1978, fu ufficialmente richiesto l'accordo di fluttuazione libera di tutte le principali valute che avrebbero potuto muoversi indipendentemente l'una dall'altra nel.

Tutto ciò può portare ad un aumento della speculazione con le banche centrali che intervengono occasionalmente per riportare le valute ai livelli desiderati. Il mercato forex è diventato un mercato dinamico e fondamentalmente è l'offerta e la domanda di valute a costituire la forza trainante nel mercato forex odierno. All'inizio, fare trading era possibile solo per le banche e grandi investitori per questioni tecniche legate al sistema economico, grazie all'avvento di internet si sono aperte possibilità che prima erano proibite, sono nati i broker forex che permettono di operare in questo mercato anche ai piccoli investitori.

# COME FUNZIONA LO SCAMBIO TRA VALUTE?

Prima di iniziare a fare trading nel mercato forex, dovresti capire il funzionamento delle valute, ossia la loro conversione e i valori oltre a capire la modalità di scambio nel canali internazionali, arrivando a studiare non solo i trend del mercato nazionale ma anche quello estero. Prima di tutto vediamo quali sono le principali valute:

- EUR - Euro
- USD – Dollaro Americano
- AUD – Dollaro Australiano
- CAD – Dollaro Canadese
- GBP – Sterlina Inglese
- JPY – Yen Giapponese
- RUB – Rublo Russo
- CHF – Franco Svizzero

Ovviamente queste sono le più importanti e ne esistono delle altre ma dobbiamo fare una classificazione importante tra valute major ossia tutte quelle coppie dove è presente il dollaro e una delle altre valute principali; valute cross ossia tutte quelle coppie dove non è presente il dollaro americano; valute esotiche tutte le coppie con valute di minore importanza, meno scambiate rispetto alle altre.

Essendo il forex un mercato di scambi di valute estere, si parla di tante valute e non solo del dollaro americano, quindi non vedrai tutti gli investitori impegnati nel commercio dell'USD. Poiché le valute sono molte, e sono anche molto volatili, sarà difficile sapere se si sta facendo o no un buon acquisto non avendo una solida conoscenza dei valori delle valute estere.

Forse viaggiando ti sarà capitato di dover scambiare i tuoi soldi con la valuta del paese in cui ti sei trovato e magari ti sei chiesto la ragione di questo cambio. Se ti è capitato, allora hai avuto a che fare con i tassi di cambio, e sicuramente avrai sentito in tv o in radio che una valuta ha perso di valore rispetto ad un'altra e viceversa, ma ora vedremo di cosa si tratta e parleremo di alcuni fattori che possono influenzare il valore delle valute nei paesi di tutto il mondo. Per determinare il valore di un oggetto, in qualsiasi parte del mondo, dobbiamo far riferimento ai tassi di cambio, specialmente quando acquistiamo merce, o valute estere. Come abbiamo già visto, nel passato i governi si basavano sul gold standard, un sistema ideato per formalizzare lo scambio di tutte le valute rappresentato da una quantità reale di oro detenuto in un caveau di quel governo, comunque sia il sistema si è dimostrato imperfetto perché i paesi avevano necessità di tenere grandi riserve auree per stare al passo con la volatilità della domanda e dell'offerta di valuta.

Ora vediamo quali sono i sistemi principali che vengono usati per determinante il tasso di cambio delle valute:

- **Free-floating**, il tasso di cambio è stabilito dallo scambio estero di valute attraverso la domanda per quella particolare valuta rispetto ad altre valute, in altri parole una valuta prende il suo valore in base a quanto gli acquirenti sono disposti a pagare per quella e sarà soggetta a variazioni giornaliere attraverso il commercio di esportazioni e importazioni, speculazione e altri fattori come i tassi di interesse del livello dei prezzi e cambiamenti politici. Per esempio il tasso di cambio per lo Yuan cinese aumenterà e otterrai meno Yuan per dollaro se la domanda aumenta a causa delle maggiori importazioni, contemporaneamente il dollaro subirà un deprezzamento o diminuirà il suo valore in base a quanti dollari sono stati venduti o forniti al mercato. Generalmente, paesi con una economia stabile useranno un sistema floating, praticamente quasi tutti i principali paesi adottano questo sistema incluso il Canada, Stati Uniti e Gran Bretagna. I tassi di cambio fluttuanti sono considerati più efficienti perché permettono al mercato di correggersi automaticamente e riflettere l'inflazione e altro forze economiche. Il floating system però, non è perfetto specialmente se un paese soffre di una economia instabile e di conseguenza questo sistema fluttuante scoraggerà gli investitori a causa dell'incertezza di possibili rendimenti con il rischio di oscillazioni troppo elevate nello scambio tassi e forte inflazione.

- **Peg o fixed exchange rate system**, è un sistema in cui il tasso di cambio è impostato e artificialmente mantenuto dal governo stesso, il tasso sarà ancorato alle valute di altri paesi (di solito il dollaro americano) e impedirà che questa fluttui giornalmente. Il governo deve lavorare per mantenere la stabilità della banca nazionale che deve gestire grandi riserve di valute estere per mitigare i cambiamenti nell'offerta. Se una richiesta improvvisa di una valuta causa l'aumento del tasso di cambio, la banca nazionale dovrà rilasciare una certa quantità di quella valuta nel mercato per soddisfare la domanda, al contrario la banca può anche comprare una certa quantità di valuta se la domanda è diminuita abbassando i tassi di cambio. Il pegging, usato dai paesi che hanno economie instabili, solitamente per prevenire inflazione fuori controllo, per mantenere i propri prodotti a basso costo e i prodotti esteri ad un prezzo più alto in modo tale da bilanciare lo scambio commerciale. La Cina infatti ha mantenuto il suo valore monetario artificialmente basso proprio per rendere le esportazioni più economiche e mantenere un bilanciamento commerciale favorevole.

In realtà pochi paesi si basano unicamente su un solo sistema di cambio, i paesi che usano un peg rate possono evitare disordini nel mercato e controllare l'inflazione grazie ad un sistema di cambio fluttuante. Questi paesi mantengono ancorato il loro tasso in relazione al dollaro americano, impendendo il continuo fluttuare.

Il governi revisionano periodicamente il proprio peg facendo piccoli aggiustamenti per mantenerlo in linea con il vero valore di mercato. Questo può sembrare simile a quello che avviene con il tasso di cambio fisso ma differisce dal fatto che il tasso di interesse è autorizzato a muoversi in un range di fluttuazione.

I governi che usano lo scambio fluttuante, apportano modifiche alla politica economica che può influenzare lo scambio dei tassi direttamente o indirettamente, infatti riduzioni fiscali, modifiche al tasso di interesse nazionale e tariffe di importazione possono cambiare il valore della valuta di una nazione.

# COS'È IL PIP?

Solitamente il confronto viene effettuato tramite un rapporto chiamato "crossrate" in cui le valute vengono rappresentate come aaa/bbb. Con aaa viene indicata la valuta di base, di solito espressa come numero intero, mentre con bbb si esprime il decimale più vicino alla base del tasso di cambio.

Per poter fare trading hai bisogno di capire cos'è un pip e come calcolare il suo valore. La frazione più piccola, o decimale, in cui una valuta può essere scambiata, è chiamato "pip" e questo è solitamente il grado con cui viene espresso un cross-rate. Un pip rappresenta il più piccolo cambiamento di prezzo che ad un dato tasso di cambio può fare aumentare o diminuire la valuta in pips.

Ad esempio, il dollaro degli Stati Uniti è spesso espresso al centesimo di un centesimo, e cioè il quarto decimale. In un esempio di espressione incrociata, un dollaro USA può essere equivalente a 117.457 Yen giapponesi. Questo rapporto sarebbe espresso come 1.000 / 117.457. La valuta di base è quasi sempre espressa come una singola unità (come in un dollaro rispetto a dieci dollari), e frequentemente quell'unità di misura è proprio il dollaro degli Stati Uniti.

Dal momento che il numero intero della valuta secondaria, o la valuta nella posizione AAA in termini di conversioni cambia molto raramente, viene presa in considerazione solo la parte decimale del numero che è menzionato nel mercato dei cambi. Quindi, nell'esempio precedente potresti leggere che lo yen è scambiato a .457, senza menzionare affatto l'intero yen di 117 che è mostrato nel rapporto. Questo perché il tasso di cambio può variare da 117.457 a 117.422, ma non a 120,154.

Quando le valute vengono quotate, principalmente vengono specificate fino alla quarta cifra decimale ad esempio l'argento ed olio combustibile, ad eccezione di coppie che includono lo yen giapponese e materie prime come l'oro, gas e altre, che vengono quotate fino a due cifre decimali, ad esempio 66,78.

Se prendiamo come esempio la coppia EUR/USD e vediamo un aumento da 1,1319 a 1,1320, significa che c'è stato un aumento di un pip perché il quarto punto decimale è aumentato di un solo numero di pip e lo stesso avviene anche per valute rappresentate con due cifre decimali.

Come calcolare il valore di un pip? Prendiamo il dollaro statunitense calcoliamo il valore di un pip in questo modo: se il cambio EUR/USD ha un valore di 1,1319 un pip è uguale a 0,0001, dividiamo 0,0001 per 1,1319 e otterremo 0,0000883 euro, che rappresenterà il nostro pip.

Facciamo ora un esempio pratico nel mercato forex per capire ancora meglio cosa comporta il cambiamento dei pip. Supponiamo di vendere 50.000 euro in dollari USA a 1,1319 e sappiamo che il nostro pip vale 0,0000883 euro. Moltiplichiamo il nostro pip per il valore di 50.000 euro (0,0000883x50.000) e otteniamo 4,415 euro, se l'affare viene chiuso a 1,1309, quindi con un profitto di 10 pip, il totale sarà 4,415-x10=44,15 euro di profitto.

A volte potrai sentir parlare di ulteriori numeri frazionari oltre quelli descritti, in questo caso parliamo di pips frazionari che ti consentono di effettuare operazioni con più dettaglio e ti aiutano a prendere decisioni grazie ad informazioni più precise. Un pip frazionario è 1/10 di un pip e ti consente di approfittare di un prezzo più basso invece di quotare i prezzi a due o quattro decimali, con i pips frazionari citiamo una cifra in più. Infatti, se il tasso EUR/USA è di 1,1319, grazie ai pips frazionari possiamo muoverci ancora più nel dettaglio e possiamo avere ad esempio 1,13195 dove appunto la piccola cifra alla fine (5) rappresenta il pip frazionario permettendoci di fare operazioni con investimenti molti più piccoli rispetto ai 50.000 euro dell'esempio precedente.

Le valute più comuni trovate nel forex sono l'USD, GBP, EUR, JPY e l'AUD, infatti con il consolidamento di la maggior parte del mercato europeo che commercia sul forex all'Euro, molte valute minori sono state eliminate.

Se acquisti una merce in una particolare valuta che sta perdendo valore nei confronti dell'USD, puoi trarre profitto vendendo quella stessa merce in dollari, lo stesso nel caso in cui una valuta aumenti rispetto al dollaro statunitense.

Quando avrai capito il valore delle singole valute e i tassi di cambio, potrai controllare i comportamenti delle valute sul mercato ed inizierai a familiarizzare con esse.

# GLI STRUMENTI FINANZIARI

# DERIVATI

I "derivati" sono dei prodotti il cui valore deriva dall'andamento del valore di una attività, più precisamente dal verificarsi di un evento. L'evento che si verificherà prenderà il nome di "sottostante" del prodotto derivato. Principalmente questi strumenti vengono utilizzati per:

- Ottenere un profitto senza correre rischi, combinando le transazioni sul sottostante e sul derivato e cogliendo differenze di valore (arbitraggio).
- Esporsi al rischio per conseguire un profitto (speculazione).
- Abbassare la percentuale di rischio di un portafoglio (copertura).

Per determinare il valore di un derivato sono necessarie analisi complesse gestite da funzioni matematiche, in relazione all'andamento del sottostante.

Possiamo suddividere i prodotti derivati in tre categorie: Swap, Contratti a termine, Opzioni .

Gli swap sono contratti OTC (over the counter) e rendono possibile l'accordo di due parti con lo scopo di scambiarsi flussi di pagamenti in una certa data e l'ammontare di questi pagamenti varia in relazione al sottostante.

A questo punto possiamo suddividere gli swap in varie categorie, che variano in funzione del sottostante.

- **Currency Swap**, o meglio "scambio di valute", sono dei contratti che permettono lo scambio di capitale e di interessi tra due parti.
- Asset Swap, contratti che permettono lo scambio periodico di pagamenti tra due parti, liquidati in base ad un titolo obbligazionario detto "asset".
- **Credit Default Swap**, detti comunemente CDS, sono dei contratti in cui una parte si tutela dal rischio di credito relativo ad un sottostante (un soggetto "buyer", dopo aver effettuato pagamenti periodici nel confronti del "seller" si protegge dal rischio di credito).
- **Interest Rate Swapg**, gli IRS sono contratti in cui le due parti effettuano uno scambio di pagamenti periodici di interessi, per un periodo di tempo. Questi interessi vengono calcolati in base alla somma di denaro (notional principal amount); il plain vanilla swap è l'IRS più comune e la sua particolarità risiede nel fatto che uno dei due flussi è a tasso fisso, mentre l'altro è a tasso variabile. Se il tasso di interesse variabile è più alto del previsto, la controparte obbligata a pagare il tasso fisso andrà in profitto poiché riceverà pagamenti con un tasso variabile superiore alle previsioni.

I contratti a termine sono degli accordi tra due parti sulla consegna di un sottostante ad un determinato prezzo e data prestabilita. Il sottostante avrà un valore variabile che determinerà un profilo di rischio-rendimento del contratto a termine. Il soggetto che compra (l'acquirente) a prezzo e data prestabilita, corre il rischio che il bene in questione venga deprezzato, e quindi il rischio di pagare il prezzo prefissato nel contratto per un bene il cui valore è diminuito. Al contrario, per il soggetto venditore del bene, il rischio è che il bene aumenti di valore sul mercato.

Possiamo identificare le due principali tipologie di contratti a termine:

- **Futures**, sottoposti ad un regolamento in cui vengono definite le dimensioni del bene, il tipo di negoziazione e la scadenza, lasciando alle parti soltanto la facoltà di decidere il prezzo di vendita e di acquisto.
- **Forward**, non sottoposti ad un regolamento poiché fuori dai mercati regolamentati.

# OPZIONI

Un'opzione di investimento, spesso etichettata come "chiamata" è un'operazione dove acquirente ha il diritto, ma non l'obbligo, di acquistare (call) o vendere (put) una determinata quantità di una particolare merce o strumento finanziario dal venditore dell'opzione in una data prestabilita e ad un prezzo prestabilito. Quindi, poiché l'acquirente ha diritto di acquisto, il venditore è obbligato a vendere la merce o lo strumento finanziario se l'acquirente decide di acquistare. Per beneficiare di questo diritto, l'acquirente paga un premio.

L'acquirente di un'opzione di investimento call desidera che il prezzo dello strumento sottostante aumenti nel tempo, il venditore invece, si aspetta che questo non accada, oppure, è disposto a rinunciare a parte dell'utile al rialzo derivante da un aumento del prezzo.

Le opzioni chiamata sono considerate vantaggiose per l'acquirente nel momento in cui lo strumento sottostante aumenta di prezzo, rendendo il prezzo dello strumento più vicino al prezzo d'esercizio. Nel caso in cui si verifichi che i prezzi di uno strumento superino il prezzo d'esercizio, l'opzione verrà definita "in the money". L'operazione di acquisto o di vendita di un'opzione chiamata, non consiste nella fornitura di un'attività finanziaria o attività fisica ma bensì nella concessione del diritto di acquisto del sottostante, in cambio del prezzo dell'opzione di investimento o del premio.

Quindi riassumendo, il trading di opzioni consente di acquistare o vendere opzioni su grandi quantità di azioni che ritieni possano aumentare o diminuire in un arco di tempo.

Esistono degli svantaggi nel trading di opzioni, infatti la differenza rispetto allo spot, sta nel fatto che le opzioni sono caratterizzate dalla scarsa liquidità e dagli orari di negoziazione molto più limitati. In compenso però le opzioni sono più flessibili e offrono la possibilità di sfruttare strategie diverse e molto complesse.

# SPOT

Nell'ambiente del forex ci sono molti termini che vengono utilizzati, uno di questi è lo "spot" market. Il termine spot si riferisce al mercato delle materie prime o dei titoli in cui gli oggetti, merci che sono vendute per mezzo di contanti e quindi un assett che può essere liquidato immediatamente. Questo mercato viene anche definito come OTC (Over The Counter), ovvero indica il fatto che non ha una sede fisica precisa, non è soggetto a particolari regolamentazioni e quindi non esistono prezzi ufficiali del mercato.

Lo spot market è anche definito come "a pronti" o mercato fisico perché i prezzi sono regolati proprio dalle due controparti nel momento in cui la transazione viene concordata. Questa forma di acquisto e vendita è immediata e a volte considerata più efficace.

Attraverso l'uso del rollover è possibile anche posticipare la data di conclusione dell'operazione pagando un piccolo interesse, lo "swap".

Tutto ciò viene fatto con l'intenzione di ottenere transazioni migliori. I contratti vengono acquistati e venduti durante le negoziazioni sui mercati e sono generalmente considerati immediatamente efficaci.

Un buon esempio da utilizzare per capire come avviene questa transazione, è il trading del petrolio greggio. La transazione del petrolio greggio viene effettuata in base ad una statistica futura e viene venduta a prezzi spot. La consegna fisica avviene entro un breve intervallo di tempo concordato, e queste transazioni spot avvengono immediatamente anziché essere effettuate in un periodo di tempo più lungo.

A causa dell'elemento temporale, il trading "a pronti" è quasi opposto ai contratti "future". Lo stile di trading spot di solito scade molto prima di qualsiasi consegna fisica delle merci.

Il tipo più comune di trading a pronti è la valuta estera e il vantaggio di questo strumento finanziario è nella presenza di grande liquidità, libertà di operare in leva e con la possibilità di partire anche dai nano-lotti per arrivare a microlotti, minilotti e lotti standard.

# FUTURE

La transazione dei "future", ossia quella transazione in cui le merci possono essere acquistate e consegnate in un breve periodo di tempo. Al contrario dello spot di cui abbiamo parlato prima, il mercato dei future è regolamentato ed è uno strumento a termine e derivato. Ci sono infatti dei parametri precisi da rispettare in cui ci si impegna a vendere o a comprare in una data precisa e ad un prezzo prestabilito (considerando anche che questi contratti sono trimestrali).

L'attuale mercato dei futures è un mercato per tutti i tipi di merci, come ad esempio manufatti, prodotti agricoli e strumenti finanziari come le valute e buoni del tesoro. Un contratto futures stabilisce quale prezzo dovrà essere pagato per un prodotto in una determinata data di consegna. Le operazioni nel future avvengono con lo scopo di guadagnare dai rialzi e dai ribassi di una attività reale o sottostante, traendo come beneficio l'effetto leva e quelli che sono i bassi costi di transazione.

All'interno di un contratto future, è specificato chi è l'acquirente e chi è il venditore. Il contratto specifica anche il prezzo di acquisto, la quantità delle merci in questione e la data di consegna. In questo modo non sussiste il rischio di perdere soldi in modo inaspettato, parliamo infatti di un commercio "a termine" dove non è possibile pagare più dell'importo iniziale prestabilito nel contratto. I prezzi saranno bloccati ad un tasso fisso e saranno protetti dai rialzi, lo svantaggio però, consiste nel fatto che se il valore della merce scende, sarà il produttore a fare i soldi.

Gli investitori sperano di trarre profitto dalle fluttuazioni giornaliere del mercato quindi comprano contratti a lungo termine e attendono l'aumento del valore delle materie prime. Attuando questa strategia, possono comprare ad un prezzo basso e riuscire a vendere ad un prezzo più alto. Come alternativa a questo metodo, vi sono anche coloro che cercano di vendere i propri beni ed impostano contratti a breve termine con l'aspettativa che il valore di tali beni diminuisca.

# ETF

Con l'acronimo ETF (Exchanged Traded Fund, in italiano Fondi Quotati in Borsa), ci si riferisce a fondi con gestione passiva in grado di replicare l'andamento di un sottostante. Sono sostanzialmente un insieme di beni o servizi ( solitamente nell'arco di un anno). Gli ETF possono essere scambiati come le azioni, quindi questo significa che possono essere comprati e venduti, aprendo posizioni a rialzo o a ribasso. La differenza tra le azioni ed ETF sta nel fatto che le azioni sono relative all'andamento di una singola società, mentre l'ETF è relativo ad un intero segmento industriale.

Come appena detto, gli ETF replicano l'andamento di un indice, ossia gli indici azionari che vengono utilizzati per la valutazione dell'andamento di mercato. Possiamo definire un indice come l'insieme di titoli che raffigurano il mercato, in particolare parliamo di investimenti obbligazionari e investimenti azionari. Quando parliamo di investimenti obbligazionari , ci riferiamo alla possibilità di investire titoli emessi dagli stati, dai paesi emergenti, aziende, in particolare bond emessi da governi che vengono considerati tra gli investimenti più sicuro nel lungo termine. Un bond non è altro che una quantità di denaro che l'investitore presto ad un governo per un determinato lasso di tempo, ricevendo in cambio degli interessi. Gli investimenti azionari invece rappresentano un indice delle maggiori società del mondo, quindi su larga scala. È necessario investire in ETF se si vuole investire su un settore di mercato e su un indice azionario. Tra gli indici azionari più famosi in Italia facciamo riferimento sicuramente all'FTSE MIB che descrive l'andamento dei 40 titoli con più liquidità in Italia. Nel resto del mondo facciamo invece riferimento al famoso NASDAQ-100, DAX e lo Standard&Poor 500.

Per fare un paragone, lo Standard&Poor descrive l'andamento delle aziende statunitensi che sono 500, il FTSE MIB 40 aziende, e il NASDAQ-100 le 100 imprese (non finanziarie) più importanti sul mercato americano.

L'ETF non fa altro che replicare l'andamento di questi indici ed è necessario per fare trading in questi ultimi, oltre che investire anche su materie prime e mercati merceologici. Ecco alcuni esempi di ETF presenti sul mercato:

- ETF Energia
- ETF Gas
- ETF Obbligazionari
- ETF Azionari
- ETF Materie prime
- ETF Metalli
- ETF Oro
- Ecc.

L'ETF segue un benchmark di riferimento grazie ad un meccanismo noto come "creation-redemption in kind". Paragonati ai normali fondi di investimento, gli ETF si occupano solamente di seguire un benchmark di riferimento invece di investire il patrimonio comprando titoli azionari nel forex o in altri strumenti. Più nello specifico, una società che si occupa della gestione ETF dello Standard&Poor 500, avrà nel proprio portfolio soltanto i 500 titoli dello Standard&Poor 500, nel caso in cui uno o più titoli vengano eliminati dall'indice Standard&Poor, l'ETF replica le stesse operazioni rimpiazzando i titoli con uno scarto massimo dell'1-2%. Per garantire che lo scarto e quindi il margine di errore sia minimo, le società ETF si assicurano che le quotazioni seguano con precisione e fedeltà quelle del benchmark.

Questo modo di investire nei mercati è un modo innovativo ed è considerato vantaggioso sia per un investitore che per un piccolo risparmiatore.

# ETC

Con l'acronimo ETC (Exchange Traded Commodities) si intendono strumenti finanziari emessi a fronte di un investimento in materie prime o contratti derivati su materie prime, il suo prezzo quindi è legato all'andamento del sottostante. Gli ETC permettono agli investitori di investire singolarmente su una materia prima, al contrario degli ETF che devono garantire una diversificazione a causa del regolamento. Gli ETF sono titoli senza una scadenza precisa e vengono emessi da una società a seguito di un investimento in materie prime; questi titoli hanno delle caratteristiche in comune con gli ETF poiché in entrambi vi è una classe di titolo sia sul mercato primario che secondario. Specifichiamo che il mercato primario è accessibile solo dagli intermediari autorizzati mentre il mercato secondario è accessibile anche agli altri investitori che possono negoziare ETC secondo le proposte presenti sul book di negoziazione.

Il mercato ETC permette di:

- Collimare con le performance delle materie prime, senza la necessità di riposizionarsi da un contratto ad un altro e non necessitano di nessun margine o spese di intermediazione, poiché integrate nello strumento.

- Entrare nel mercato commodities poiché vanno ad emulare l'andamento di più commodities oppure di una singola.
- Entrare nel mercato commodities ad un costo basso.
- Permette di guadagnare una esposizione su un rendimento assoluto, infatti gli ETC relativi ai contratti future sulle materie prime aprono l'accesso al rendimento spot (relativo alla variazione del valore future sulle materie prime); rendimento collaterale che rappresenta l'interesse ottenuto dall'investimento del collaterale; rendimento rolling legato alla sostituzione dei future in scadenza permettendo di tenere la posizione del sottostante.

Come abbiamo già detto gli ETC sono in grado di replicare l'andamento di una serie di commodities non restringendo il campo solo alle materie prime ma ampliando il tutto fino ad arrivare agli indici e ai sotto indici, permettendo così all'investitore di scommettere su una aspettativa di andamento positivo di una materia prima, oppure di diversificare le posizioni nelle seguenti commodities:

- Materie prime come Rame, Cotone, Oro, Gas naturale, Caffè, ecc.
- Indici forward di commodities
- Indici globali di commodities
- Indici di metalli preziosi, petrolio, prodotti agricoli, energia, ecc.

Considerate tutte queste caratteristiche e considerato che gli ETC non hanno una scadenza, possiamo dire che quest'ultimi sono strumenti molto flessibili che si adattano alle esigenze di vari risparmiatori.

## ETN

Gli ETN (Exchange Traded Notes ) sono strumenti finanziari molto simili agli ETC, cioè emessi a fronte di un investimento il cui prezzo è legato all'andamento del sottostante. Sono obbligazioni negoziate in borsa, più precisamente un tipo di titolo di debito non garantito emesso in base alla performance dell'indice di mercato e permettono all'investitore istituzionale di sfruttare la volatilità dei proprio portafoglio senza dover negoziare ogni giorno le posizioni dei sottostanti. Quindi nel momento in cui un investitore compra un titolo di debito ETN, la banca sottoscrive un contratto promettendo di liquidare l'importo relativo all'indice a cui andranno sottratti i costi di commissione. Sia gli ETC che gli ETN vengono negoziati in una borsa principale come ad esempio la borsa di New York ma la differenza principale tra ETN ed ETC sta nella tipologia del sottostante poiché con gli ETC ci si riverisce alle materie prime, con gli ETN a tutto il resto. Anche con gli ETF vi sono dei punti in comune: la possibilità di essere negoziati in borsa come avviene per le azioni; la funzione di replica passiva della performance del sottostante; ma bisogna considerare che gli ETN hanno un rischio in più rispetto agli ETF, infatti se il credito della banca che ha sottoscritto il contratto diventa sospetto, anche tutto l'investimento viene compromesso perdendo di valore.

Gli ETN sono strumenti progettati per permettere agli investitori di accedere ai rendimenti dei benchmark sul mercato e il loro valore è influenzato dal rating del credito dell'emittente; questo valore potrebbe diminuire a seguito di un "downgrade" del rating dell'emittente. Gli ETN si basano su un approccio sistematico all'investimento in futures e possono avere una posizione di volatilità long o short in base agli indici di mercato. La Barclays Bank consiglia agli investitori di considerare gli ETN come dei veri e propri contratti prepagati.

Quali sono i vantaggi?

- Gli ETN non comportano errori di tracciamento in quanto offrono a chi investe un indice che elimina discrepanze tra i rendimenti ETF e gli indici dei sottostanti, replicando esattamente quest'ultimi.

- Sotto il punto di vista fiscale, offrono la possibilità di investire con efficienza senza dover pagare tasse annuali, interessi e distribuzione dei dividendi contrariamente a quello che accade per gli ETF.
- Possibilità di usare la leva finanziaria per alcuni ETN che rendono questo strumento adatto ad investitori esperti.
- Con gli ETN l'investitore può accedere a nuove strategie e avere accesso a nuovi mercati (come ad esempio il mercato azionario indiano).

Quali sono gli svantaggi? Vediamone alcuni:

- Vendere un ETN prima della sua scadenza, potrebbe tradursi in una perdita in quanto l'indice del sottostante può subire variazioni in tempi molto rapidi.
- Gli ETN, come del resto altri strumenti, sono soggetti a news di mercato, politica, economia, ecc., poiché gli istituti finanziari potrebbero non essere in grado di pagare gli investitori entro i termini prestabiliti.
- Quando l'indice si abbassa al punto da non coprire quelle che sono le commissioni delle transazioni c'è il rischio che l'investitore ottenga un guadagno inferiore rispetto all'investimento iniziale.
- Essendo gli ETN degli strumenti di debito, comportano il rischio di insolvenza da parte della banca emittente.
- Gli ETN sono strumenti relativamente recenti e quindi non tutti godono dispongono elevata liquidità.

# CERTIFICATES E CW

I Certificates sono degli strumenti finanziari derivati e cartolarizzati che consentono di attuare una serie di strategie in termini di investimento. Possiamo distinguerli in diverse categorie:

- Certificati a "leva" con rendimenti più elevati (ma anche con rischi più elevati).
- Certificati a "capitale protetto" che permettono di puntare al sottostante (al rialzo o a ribasso) tutelando il capitale di investimento.
- Certificati a "capitale condizionatamente protetto", come i precedenti, con la differenza che la protezione è possibile solo se il sottostante non raggiunge un determinato livello di barriera che viene prestabilita nel momento dell'emissione.
- Capitale "non protetto" permettono di investire in un sottostante esponendosi a quella che è la performance del sottostante stesso, essendo quindi esposti al rialzo e al ribasso proporzionale ad esso.

I CW (Covered Warrants) sono strumenti quotati in borsa e offrono l'opportunità di acquistare o di vendere (Call covered warrant/Put covered warrant) una attività sottostante in una data e ad un valore prestabiliti. I CW vengono emessi direttamente da un istituto finanziario che si pone come controparte in caso di esercizio e garantisce una certa liquidità, inoltre in base alla loro scadenza, possiamo suddividerli in due tipologie: Europei se sono obbligati all'esercizio in data di scadenza, e Americani se è possibile esercitarli anche prima. I CW più semplici sono conosciuti con il nome di Plain Vanilla , mentre i più complessi con il nome di Strutturati o Esotici .

Entrambi sono strumenti complessi e sono negoziati in mercati regolamentati come la Borsa Italiana (SeDex ) e l'EuroTLX (Cert-X ).

# CFD

CFD è l'acronimo di Contract for Difference, un prodotto finanziario derivato, e fa riferimento al contratto stipulato tra il trader e il broker. Il valore di un CFD dipende dal sottostante ed è per questo motivo che appartiene ai derivati. Questi contratti vengono negoziati all'interno di mercati OTC (non regolamentati e quindi privi di normative) permettendo l'acquisto di mini contratti e l'apertura di posizioni sia al rialzo che a ribasso. Poiché non regolamentati, i CFD non hanno una scadenza o una consegna fisica (al contrario dei future).

I CFD sono strumenti che negli ultimi anni sono stati sempre più apprezzati per via dei loro vantaggi rispetto al trading tradizionale e al forex, infatti non saremo mai i possessori delle coppie di valute o dei titoli azionari (asset), avremo solo un contratto (CFD) stipulato tra noi e il broker (a differenza del mercato forex dove gli scambi avvengono tra due trader). Questo permette che i costi delle operazioni siano molto bassi e non è necessario pagare una commissione sia in entrata che in uscita dalla posizione. Un'altra caratteristica dei contratti CFD sta nella presenza della leva finanziaria che permette di moltiplicare i guadagni (ma anche le perdite) modificando il valore del rapporto, ad esempio con un rapporto 1:50, possiamo controllare un capitale di 5000 euro investendone solo 100. I CFD sono strumenti molto flessibili, tra i più utilizzati al mondo, e permettono di fare trading su alcuni mercati come:

- Materie prime
- Coppie di valute
- Indici
- ETF
- Azioni

L'analisi tecnica è fondamentale per impostare una strategia vincente e capire con precisione come gestire i livelli di Stop Loss e Take Profit che ci permettono di chiudere in maniera automatica le posizioni aperte nel caso in cui si verifichi una perdita eccessiva, limitandola.

# AZIONI

Un capitale di impresa può essere suddiviso in più parti, ogni singola parte di quel capitale viene chiamata "azione". Chi possiede un'azione quindi, è titolare di una piccola parte di quel capitale e quindi della società, compresi tutti i diritti e gli oneri che ne conseguono. Le azioni possono anche essere un titolo di credito che incorpora un diritto e possono anche essere quotate in borsa. Le società costituite da un capitale suddiviso in azioni sono conosciute col nome di "società per azioni" (S.P.A.). Nel momento in cui si acquista una azione, si diventa possessori di una frazione del capitale e quindi dell'azienda. Ne consegue che nel momento in cui, l'azienda dovesse fallire, l'azionista perderebbe tutto il capitale investito nella società. Acquistando delle azioni, si acquisiscono anche dei diritti perché l'azionista (pur non essendo creditore) è comunque un socio, questo significa che partecipa all'attività economica della società, accettandone anche i relativi rischi.

I diritti che un socio acquisisce sono:

- Il diritto di consultazione di alcuni libri della società e quindi del controllo della gestione

- Il diritto di esercitare il voto durante le assemblee
- Il diritto di percepire i dividendi della società (se distribuiti)
- Il diritto di opporsi alle delibere delle assemblee e di impugnarle

Anche se solitamente le azioni hanno un uguale valore nominale e di conseguenza uguali diritti, alcune società possono specificare nello statuto dei diritti differenti per diverse categorie di azioni. Possiamo identificare le azioni in quattro categorie:

- Azioni a voto maggiorato, dove si specifica che l'azionista può esercitare un massimo di due voti per ogni azione in suo possesso
- Azioni privilegiate, prevedono che vi sia una prevalenza nella distribuzione dei dividendi
- Azioni di risparmio, non prevedono il diritto di voto ma forniscono benefici di tipo economico
- Azioni a voto plurimo, consentono alle società di creare azioni con diritto di voto plurimo

Un investitore dovrebbe sempre prestare attenzione allo stato generale di un'azienda, le sue prospettive, i suoi obiettivi, e la sua solidità, poiché questi fattori influenzano il valore dei titoli e quindi anche il mercato reagisce di conseguenza in base alla credibilità dell' azienda.

Alcune aziende possono distribuire i "dividendi", ovvero una quota che spetta di diritto all'azionista ma può anche decidere di non distribuirli (solitamente allo scopo di reinvestire nell'attività), decidere di distribuirne solo una parte, oppure distribuirli tutti agli azionisti. Da considerare però che solitamente solo le aziende molto importanti tendono a distribuire i dividendi.

Abbiamo parlato di azioni e di investitori all'interno della società con possono esercitare i relativi diritti ma per coloro che non intendono acquistare azioni direttamente dalla società stessa, esiste il mercato azionario che è suddiviso in: Mercati regolamentati, Internalizzatori sistemici, Sistemi multilaterali di negoziazione (MTF).

# OBBLIGAZIONI

Le obbligazioni sono dei titoli finanziari, emessi da Stati, aziende ed enti pubblici. Acquistare una obbligazione consiste nel prestare una quantità di soldi a chi le emette ("emittente"). Anche nel caso si acquistino obbligazioni da altri che non siano l'emittente, si diventa comunque titolari del diritto di ricevere una certa quantità di soldi in una data specifica, in più vi sono anche gli interessi promessi dal titolo. Facciamo subito chiarezza sui termini utilizzati:

- L'Emittente, è colui che beneficia dell'operazione di finanziamento ed è in genere uno Stato, una banca, oppure una società privata. Il pagamento degli interessi è molto legato alla solidità economica dell'emittente.
- L'interesse è il prezzo che l'investitore richiede per poter prestare il proprio denaro e ha lo scopo di compensare l'acquirente in caso di rinuncia ad una somma di denaro, e in più è legato al rischio che l'investitore corre, poiché non vi è garanzia che l'emittente restituisca il denaro.
- Con la Scadenza si stabilisce la data in cui termina il prestito di tale obbligazione e cioè la data in cui l'emittente è tenuto a restituire le somme precedentemente ricevute. Per via delle

scadenze possiamo identificare le obbligazioni a breve, medio e lungo termine.

- Il rendimento è formato dall'interesse e dal "capital gain" ossia il guadagno in conto capitale. Il rendimento si ottiene nel caso in cui il titolo venga acquistato ad un prezzo inferiore di quello a cui viene venduto. Quanto accade l'opposto, si va incontro ad una perdita in conto capitale.

Quali sono le diverse tipologie di obbligazioni? Ne esistono diverse, possiamo classificarle in due grandi blocchi: Obbligazioni ordinarie e obbligazioni strutturate . Le obbligazioni ordinarie possono essere ulteriormente suddivise in:

- Obbligazioni a tasso fisso, con interessi prestabiliti e che non variano nel tempo
- Obbligazioni a tasso variabile, in questo caso come dice la parola, l'interesse è variabile e questa caratteristica è in relazione ai tassi del mercato. Inoltre, essendo i tassi sempre aggiornati con quelli del mercato, rendono questo tipo di obbligazione più sicura.

Rispetto alle obbligazioni ordinarie, quelle strutturate sono molto più difficili da comprendere poiché sono appunto strutturate dalla componente obbligazionaria ordinaria e dal contratto derivato. In ogni caso bisogna essere esperti per comprendere questi meccanismi perché il livello di complessità è già al di sopra del livello di un investitore comune, se non si ha un minimo di esperienza è sempre bene frequentare un corso ed acquisire le conoscenze necessarie per interagire con questi prodotti.

Se facciamo un paragone tra l'investimento in azioni e quello in obbligazioni, il secondo è quello che dà più garanzie ed una minore (ma non nulla) presenza di rischio. Analizziamo comunque i rischi che sono presenti nelle obbligazioni per avere un'idea di cosa dobbiamo conoscere e cosa dobbiamo aspettarci.

- Rischio di credito: riguarda la possibilità che l'emittente non paghi gli interessi in parte o nella sua totalità. Questo rischio è presente soprattutto quando si parla di imprese dove il fallimento può essere frequente rispetto al fallimento di uno Stato.
- Rischio di interesse: se i tassi di interesse variano, c'è il rischio che anche il prezzo del titolo possa diminuire. Ad esempio se i tassi di interesse variano, un titolo a tasso variabile può subire un adattamento e una modifica nelle cedole modificando il prezzo in modo marginale; un titolo a tasso fisso invece non può modificare le cedole rendendo necessaria la modifica del prezzo.
- Rischio di cambio: sussiste nel momento in cui i titoli di investimento siano in valute diverse e quindi sensibili al rapporto di cambio.
- Rischio di liquidità: sussiste nel caso in cui non sia possibile vendere in tempi brevi prima, cioè prima della scadenza.

Abbiamo visto che nel caso delle obbligazioni, il rimborso del capitale alla data di scadenza e gli interessi sono una garanzia a meno che non vi sia il rischio di fallimento dell'azienda o dello Stato. Se si verifica il fallimento, l'investitore verrà compensato in base al tipo di obbligazione che ha sottoscritto, quindi è fondamentale verificare che l'azienda sia solida e affidabile per evitare brutte sorprese. Ecco che entra in gioco un'altra figura importante, "l'agenzia di rating" che si occupa proprio di valutare attentamente il grado di affidabilità di chi emette titoli obbligazionari.

# DIVERSIFICAZIONE DEL PORTAFOGLIO

Prima di tutto definiamo il termine portafoglio, ossia l'insieme delle attività finanziarie su cui stiamo investendo, messe insieme tra loro per ottenere un risultato. Inserire nel proprio portafoglio un certo numero di attività diverse tra loro, oppure delle attività molto simili, non è la stessa cosa ed è proprio qui che entra in gioco il concetto di "diversificazione". Se gli strumenti che possediamo sono dello stesso tipo, corriamo un rischio importante perché se uno di questi non andrà a buon fine molto probabilmente sarà così anche per gli altri, generando una enorme perdita. Queste situazioni sono state prese in esame soprattutto da studi statistici che hanno dimostrato un rischio decisamente più basso investendo in attività diversificate tra loro. Ipotizziamo che un investitore voglia investire in azioni e obbligazioni, sapendo che le azioni sono quelle più rischiose rispetto alle obbligazioni, egli decide di investire la maggior parte del suo capitale nelle obbligazioni (le meno rischiose) e una piccola parte in azioni, in modo da assicurarsi una percentuale di rischio contenuta. Nel caso contrario, un investitore che può permettersi di rischiare un certo tipo di capitale, potrà anche optare per una impostazione più sbilanciata verso le azioni, con un rischio più elevato, ma anche con la possibilità di trarre profitti maggiori. Sulla base di questo esempio si andranno a costruire portafogli con diversificazioni molto più complesse e strutturate ma con lo stesso principio di base, ovvero gestire il rischio in base ai propri obbiettivi.

# LA LEVA

La leva finanziaria o "leverage", permette di acquistare o vendere una attività finanziaria per un valore superiore al capitale in possesso, beneficiando di un rendimento potenziale molto più alto ma esponendosi anche a perdite molto importanti. Per capire cos'è una leva finanziaria e come funziona, facciamo qualche esempio. Immaginiamo di investire 200 euro in un titolo e supponiamo che l'aspettativa di guadagno sia del 20%. Se l'operazione va a buon fine, avremo 200 euro più il 20% e cioè 240 euro, se le cose andranno male avremo 200 euro meno il 20% e cioè 160 euro. L'esempio appena fatto è il classico modo di investire senza l'utilizzo di una leva. Se le nostre intenzioni sono di aumentare molto di più il profitto, allora ricorriamo all'utilizzo della leva cambiando il rapporto ad esempio di 20:1. In questo modo andremo ad investire su un capitale di 4000 euro pur avendone soltanto 200. Prendendo in considerazione l'esempio precedente con una percentuale di guadagno del 20%, se l'investimento va a buon fine avremo 4000 euro più il 20% e cioè 4800 euro, meno i 3800 euro presi in prestito per arrivare a 4000 su cui dovremo pagare un interesse (200+3800=4000), il risultato sarà 1000 euro di cui 200 di capitale iniziale e 800 di guadagno. A questi 800 euro togliamo l'interessa pagato per il prestito ma comunque il guadagno è stato importante e dimostra che la leva finanziaria permette di moltiplicare i propri guadagni, investendo un piccolo capitale e controllandone uno molto più grande.

Se investiamo in derivati, ad esempio per avere il diritto di comprare una certa quantità di materia prima tra 4 mesi ad un prezzo prestabilito di 3000 euro, non dovremo effettivamente investire 3000 euro ma bensì il solo capitale necessario per comprare (ad esempio da una banca) il derivato, dal valore ipotetico di soli 200 euro. Nel caso in cui la materia prima in questione dovesse aumentare di prezzo dopo i 4 mesi, a 3600 euro, potremo comprare e rivendere ottenendo un guadagno di 600 euro meno i 200 euro del capitale investito, quindi 400 euro (200%).

Le leve finanziarie sono cumulabili, è possibile infatti effettuare una leva al quadrato ma attenzione perché pur essendo molto vantaggiosa in termini di profitto, la leva finanziaria funziona anche al contrario. Se torniamo all'esempio dei 200 euro iniziali con una leva 20:1 che ci porta a gestire 4000 euro (avendone presi in prestito 3800) con una aspettativa di guadagno del 20%, nel caso in cui l'investimento dovesse andare male, risulterebbe 4000 euro meno il 20% e cioè 3200 euro. A questi 3200 euro dobbiamo sottrarre i 3800 euro presi in prestito più gli interessi quindi risulterebbe un negativo di -600 euro, ipotizziamo gli interessi di 100 euro, arriviamo a -700 rispetto ai +200 da cui eravamo partiti.

Come abbiamo visto, questo strumento è molto potente in entrambi i sensi, addirittura fino al punto che un singolo investitore che perde soldi dopo aver sfruttato una leva, rischia di condizionare gran parte del mercato a causa di un effetto domino proprio perché le banche si prestano soldi l'una con l'altra con lo scopo di moltiplicare i profitti. Solitamente le banche utilizzano leve abbastanza elevate: se con un capitale di 10.000 euro e una leva 20:1 gestiscono un capitale di 200.000 euro, questo significa che anche una piccola perdita del 2% sull'attività corrisponderebbe ad una perdita del 40% sul capitale investito !

Attualmente, l'ECMA (European Securities and Markets Authority) ha introdotto delle nuove normative con lo scopo di limitare la leva finanziaria per i trader al dettaglio, limitare i CFD e vietare le opzioni binarie. Questo significa che un trader al dettaglio può utilizzare le leve finanziarie fino ad un certo limite ridimensionando anche lo "scalping", limite che invece non sussiste per i trader professionisti. Di seguito vediamo quali sono i nuovi livelli di leva consentiti per i trader al dettaglio dalla nuova normativa ECMA:

- Leva con un rapporto 2:1 per le criptovalute.
- Leva con un rapporto 5:1 per quanto riguarda le azioni.
- Leva con un rapporto 10:1 per gli indici secondari e per le altre materie prime.
- Leva con un rapporto 20:1 per le coppie secondarie dove il dollaro non è coinvolto, per gli indici più importanti al mondo e per l'oro.
- Leva con un rapporto 30:1 sulle coppie principali di valute che riguardano lo scambio con il dollaro americano.

# IL ROLLOVER

Il rollover è l'interesse pagato per mantenere posizioni overnight. La posizione dovrà concludersi entro la data di scadenza e l'acquirente dovrà pagare i titoli, in modo tale da chiudere automaticamente la posizione, se questo non avviene, allora entra in gioco il rollover che permette quindi di estendere questa data in modo tale che le perdite e i profitti non vengano contabilizzati e la posizione si rinnovi alla scadenza. Il rollover è una tecnica spesso applicata ai forward e future per poter estendere la loro data di scadenza e anche nelle opzioni (cioè comprando delle opzioni simili che però hanno una data di scadenza posteriore). Se compri una valuta con un tasso di interesse maggiore di quella che vendi avrai un roll positivo, viceversa un roll negativo.

Sappiamo che il mercato forex opera 24 ore su 24 ma se le posizioni devono essere chiuse entro le 17 (ora americana) poiché previsto da regolamento, dopo questo orario saranno soggette al rollover. Quindi, una posizione aperta alle 16:59 EST slitterà in avanti alle 17:00 EST (rollover), al contrario una posizione aperta alle 17:01 non sarà soggetta a rollover. Facciamo un esempio pratico: se compriamo un cambio EUR/USD semplicemente stiamo comprando euro e vendendo dollari. Ora, se il tasso dell'euro è maggiore di quello del dollaro, andiamo ad incassare con il rollover la differenza tra i due tassi su base annuale.

# OPERARE NEL TRADING

# SCALPING, DAY TRADING, OPEN TRADER

Il trading forex è diventato sempre più popolare per via delle sue dimensioni e dell'imponente volume di trading giornaliero. Inizialmente, nel primo periodo di storia del forex, solo le grandi banche di investimento e grandi multinazionali potevano operare nel mercato delle valute, ma ora è possibile anche per i piccoli investitori. Proprio come avviene nell'investimento dei titoli azionari o nel commercio delle materie prime, gli investitori hanno la necessità di sfruttare delle strategie. Per approfondire maggiormente questo argomento, ora andremo ad analizzare tre tecniche di operare nel mercato forex, possiamo identificare queste tecniche con il nome di scalping, day trading, open trader.

Lo scalping è una delle varie strategie di investimento che si possono applicare nel mercato forex e in qualche modo mira all'anticipo dei movimenti a breve termine nei tassi di cambio. La tecnica dello scalping può essere descritta come un rapido movimento di entrata e uscita dal mercato effettuato più volte nell'intervallo di 24 ore, ed è una tecnica che può durare anche pochi minuti (solitamente su titoli azionari). Gli scalpers del forex sfruttano continuamente il book e di comportano esattamente al contrario di coloro che sfruttano la tecnica buy-and-hold proprio perchè stanno solo cercando di entrare e uscire rapidamente da una posizione, ottenere il profitto e passare alla posizione successiva. Gli scalper possono mantenere una posizione solo per pochi minuti. Questi investitori cercano indicatori di mercato specificamente noti per influenzare i tassi sul forex, possiamo dire che questa tecnica è molto vicina al concetto "mordi e fuggi".

Come sappiamo, news economiche e di mercato, notizie nazionali e internazionali, comunicati, influiscono sui tassi di cambio. Sappiamo anche che il mercato forex opera 24 ore al giorno ed è costantemente monitorato dagli investitori, che hanno accesso ai dati e possono osservare i cambiamenti dei prezzi in tempo reale. In questo modo, uno scalper forex riesce solo in pochi minuti ad entrare ed uscire da una posizione prima che il mercato si adegui e i prezzi subiscano degli aggiustamenti a seguito delle notizie apprese, per esempio su manovre economiche dello Stato. Il fattore tempo è quindi fondamentale, l'anticipo e la prontezza di informazione hanno un ruolo chiave per il successo di questo tipo di investitori. Gli scalpers utilizzano degli indicatori chiave per aiutarli ad anticipare le fluttuazioni dei prezzi, elenchiamone alcuni:

- PIL - Prodotto interno lordo
- Disoccupazione
- Inflazione
- Annunci di tassi di interesse
- Indagini sulla fiducia dei consumatori / imprese
- Vendite al dettaglio

Le statistiche governative tendono ad essere più importanti per gli scalpers Forex essenzialmente perché il dollaro USA sostiene gran parte di tutte le transazioni sul mercato, di conseguenza qualsiasi dato economico pubblicato su questa nazione chiave avrà probabilmente sicuramente qualche effetto (anche se piccolo e temporaneo) sui tassi di cambio. Inoltre, le statistiche degli USA sono considerate tra le più affidabili e precise per gli investitori. Un grande vantaggio per gli scalper consiste nel fatto che i dati del governo vengono messi a disposizione, e tutti gli investitori, grandi e piccoli, vengono messi al corrente delle stesse informazioni nello stesso istante, i piccoli investitori però, sono in grado di raccogliere e spostare il capitale più rapidamente dei maggiori degli investitori più grandi, e quindi dovrebbero avere il vantaggio di sfruttare i movimenti a breve termine dei tassi di cambio causati dal rilascio di nuove informazioni.

Gli investitori che utilizzano questa tecnica dello scalping, hanno come unica speranza di guadagno, la possibilità di anticipare la reazione e gli aggiustamenti di mercato a seguito di determinate notizie o informazioni. Supponiamo che un investitore apra una posizione su una coppia di valute ipotizzando che una delle due cresca rispetto all'altra in relazione al prodotto interno lordo di quella nazione, la velocità di crescita potrebbe variare col tempo e quindi tradire le aspettative. Anche se l'investitore riesce a fare una stima dei movimenti di mercato, deve comunque entrare e uscire molto rapidamente prima che il mercato reagisca alle notizie.

In conclusione, lo scalping resta una strategia di investimento abbastanza pericolosa proprio perché il mercato reagisce con estrema facilità alle informazioni ricevute. Si tratta di una tecnica adatta più per un investitore professionista che per un trader principiante, infatti c'è il rischio di perdere il capitale in breve tempo o addirittura di svuotare il conto. Quindi, ancora una volta, sottolineiamo il fatto che per un investitore alle prime armi, è consigliabile attuare una strategia più sicura dello scalping.

La tecnica del day trading nasce negli Stati Uniti e consiste nel chiudere un certo numero di operazioni nell'arco della giornata, o meglio prima della fin della seduta. Essendo una tecnica molto aggressiva, è apprezzata dai trader perché consente una elevata redditività ma anche in questo caso bisogna fare i conti con un'elevata percentuale di rischio. Questa tecnica, ormai diffusa in Europa e in Italia, è spesso confusa con lo scalping di cui abbiamo parlato prima e, in effetti, potremmo confonderci perché la differenza è abbastanza sottile. Nello scalping l'entrata e l'uscita in una posizione può anche durare un solo minuto, il day trading invece, come suggerisce la parola stessa, si svolge in tempi più lunghi ma comunque va a chiudersi nell'arco temporale di un giorno. Ad esempio, un trader che utilizza questa tecnica, compra un'azione su cui è ben informato e che sta seguendo da un certo periodo, la acquista giorno stesso proprio perché dalle sue analisi e dalle notizie del titolo e del mercato in suo possesso, trae la conclusione che in quel giorno, sarà vantaggioso e redditizio svolgere quella operazione.

Se le analisi del trader sono corrette, può ottenere una certa quantità di guadagni nell'arco della giornata grazie anche all'effetto leva. I guadagni ovviamente saranno derivati da tante piccole operazioni che frutteranno meno dell'1% ciascuna. Come nello scalping, anche questa tecnica richiede una certa competenza e struttura psicologica per resistere allo stress che si genera durante lo svolgimento di tali operazioni e inoltre richiede che anche le condizioni del mercato siano favorevoli.

Comprendere il mercato è fondamentale e comporta l'uso degli indici azionari che servono appunto per misurare la resa del mercato, e capire come andranno ad influire sul prezzo degli scambi. Per fare un esempio, durante il periodo natalizio il mercato risulta più attivo, proprio in virtù del fatto che gli scambi aumentano notevolmente; successivamente, nel mese di gennaio, il mercato subisce un rallentamento perché anche la produzione di merci rallenta per poi crescere nuovamente nel periodo primaverile. Questo ci fa capire come il mercato subisca continue oscillazioni, molto ristrette (come le oscillazioni giornaliere) o molto dilatate (durante i vari periodi dell'anno).

Quanto investire nel day trading? Se siete trader principianti, il primo consiglio è sicuramente quello di fare esperienza prima con il conto demo, successivamente partire con un conto reale partendo da piccoli investimenti ma tenete sempre in considerazione i rischi che ne fanno parte. In ogni caso si può partire anche con poche migliaia di euro e verificare che gli spread non superino i vostri guadagni. Per fare day trading occorre un Account Margin , ossia un conto di intermediazione in cui il broker si occupa di prestare i soldi del cliente per acquistare titoli; gli intermediari registrati con NASD/NYSE necessitano di un capitale minimo per operare. (NASD è è l'acronimo di National Association of Securities Dealers ed è il più grande organo di vigilanza nell'intermediazione statunitense a cui compete il NASDAQ; NYSE è l'acronimo di New York Stock Exchange che è il più grande mercato azionario del mondo).

Ecco un elenco di fattori che chi investe con il day trading tiene sempre in considerazione:

- Assolutamente evitare di seguire troppi attivi nello stesso tempo, concentratevi e mantenete il focus su poche operazioni altrimenti si rischia di entrare nella fase di "overloading", ossia quella fase in cui non riusciamo più a gestire con lucidità quello che stiamo facendo, causando veri e propri disastri. In sostanza prendete come riferimento un massimo di 4 operazioni contemporaneamente.
- Ottenere la massima concentrazione possibile dall'ambiente in cui state operando, è fondamentale essere efficienti nel poco tempo che abbiamo a disposizione per chiudere le operazioni. Prima di iniziare, assicuratevi di essere in un posto privo di distrazioni per qualche ora, una volta commesso l'errore a causa della distrazione, ci costerà parecchi soldi.
- Attenzione alle perdite, se si avvicinano al 10% interrompete l'operazione. Nel caso in cui ci accorgiamo che la nostra strategia non ha funzionato come previsto, stiamo andando in perdita e difficilmente la situazione tornerà a risollevarsi con facilità. Dobbiamo quindi cercare di limitare il danno, interrompendo prima che la percentuale di perdita sia insostenibile, rinunciando a tale operazione, e cercando di recuperare con le altre vincenti.

- Il guadagno viene da piccole operazioni ripetute nell'arco del giorno, quindi siate pazienti e non superate il 3-4% di guadagno.
- Il day trading (come nelle altre tecniche), va preso seriamente e non come un gioco, evitate di fare sessioni prolungate e di superare un certo numero di ore di trattativa. Questa attività è molto intensa e porta via molta concentrazione, dopo poche ore è meglio smettere perché la capacità di mantenere il focus non è più la stessa e non siamo più abbastanza efficienti.
- Nonostante sia meglio trattare per poche ore al giorno, è bene anche interrompere spesso per ristabilire l'attenzione.
- Preventivare la cifra di investimento e fare in modo che quest'ultima esuli da tutto quello che concerne la gestione familiare, come ad esempio il pagamento di mutui. Insomma assicurarsi di avere un capitale disponibile per questo investimento senza andare ad intaccare in modo deleterio il budget necessario per le spese basilari.

Poi ci sono gli open trader , ovvero coloro che entrano nel mercato in modo casuale, oppure dopo l'uscita di qualche dato o notizia. Questo tipo di investitori non svolge operazioni in modo frenetico come le precedenti, bensì è più occasionale, generalmente dopo l'uscita di news economiche o comunicati che rendono appetibili determinati investimenti.

Esiste anche una categoria di investitori chiamati investitori long, che operano attuando strategie più a medio-lungo termine. Sono quegli investitori che aprono posizioni in base a determinate informazioni, accadimenti, news, credendo che un titolo possa salire in un periodo di tempo medio lungo.

# ACQUISISCI CONOSCENZA SUL FOREX

Molti investitori considerano il trading forex come un'attività molto redditizia. Il trading sul forex consiste nell'acquisto e nella vendita di diverse valute estere nel mercato globale. Può essere considerato un valido investimento per arricchire il proprio portafoglio, già pieno di fondi comuni, titoli e obbligazioni. In questo modo sarà possibile generare profitto anche con le valute estere, considerando che questo mercato rimane in piena attività ventiquattro ore al giorno. Sono molte le valute in tutto il mondo poiché quasi tutti i paesi ne hanno una propria, ma nel mercato forex, il trading di valute avviene solo con le valute comunemente chiamate "major". Parliamo quindi di valute economicamente stabili rispetto ad altre: Euro, Sterlina britannica, Dollaro americano, Yen giapponese, Franco svizzero, ecc...

Tutte quelle persone che non hanno molta familiarità con il trading in generale, e tanto meno con il trading forex, possono avere qualche difficoltà a capire il funzionamento di questo business proprio perché sono abituati ad utilizzare le valute per acquistare beni e servizi, non per acquistare altre valute.

Se siamo alle prime armi, dobbiamo comprendere che il denaro può essere usato anche per generare altro denaro e non solo per essere

scambiato con altri beni, questo è fondamentale anche al livello psicologico proprio perché ci apre ad una visione differente del denaro. Il
denaro svolge un ruolo fondamentale per mantenere un tenore di vita
confortevole, è necessario per il sostentamento della famiglia, per i
beni di prima necessità, per l'automobile, la casa, ecc... Le persone che
lavorano per un'azienda scambiano i propri servizi con denaro, altre
invece preferiscono creare un business per generare i profitti. Per
generare un business dobbiamo non solo comprendere gli aspetti
tecnici sull'investimento ma anche imparare a ragionare in un modo
completamente diverso da quello a cui siamo stati abituati, cercare di
capire quali sono i modelli che seguono i grandi investitori, loro
infatti non vedono il denaro solo come mezzo di sostentamento e
questo dovrebbe fornirci degli spunti preziosi per cercare di ottenere
grandi risultati. Investire nel forex può essere una valida alternativa
per guadagnare, anche cifre considerevoli ma bisogna essere prepa-
rati sia sotto l'aspetto tecnico sia sotto l'aspetto psicologico, queste
due componenti vanni di pari passo e non producono nulla se
separate.

Diventa di fondamentale importanza acquisire informazioni sul forex,
leggendo riviste, frequentando ambienti specifici, osservando il
mercato e i movimenti degli altri investitori, acquistando libri e
soprattutto partecipando a corsi tenuti da professionisti del settore, in
modo tale da non partire senza aver chiaro l'intero funzionamento in
ogni singolo dettaglio, e soprattutto prendendo il tempo per digerire
tali informazioni.

La volatilità è una caratteristica fondamentale del mercato valutario.
Le valute infatti cambiano il loro valore in base alle informazioni, a
volte l'abbassamento di valore di una valuta può essere molto rapido e
può comportare perdite consistenti ancor prima di apprenderne notizia. I rischi fanno parte di questo mercato, quindi se decidi di entrare
devi essere preparato anche alle perdite. Tutto può cambiare in un
attimo per via di decisioni governative o eventi importanti in qualsiasi
parte del mondo. Ad esempio, un attacco terroristico o un evento
naturale può condizionare pesantemente il paese colpito, e se di

grande importanza, può riguardare non solo il mercato forex negli Stati Uniti ma anche il resto del mondo.

Ancora una volta ripetiamo questo concetto: se vuoi diventare un investitore di successo nel mercato forex, devi conoscere quali sono i fondamenti del mercato e quali sono i comportamenti delle valute. Devi essere sempre informato sui comunicati stampa e sulle notizie finanziarie/politiche di tutto il mondo, imparando ad intuire quali saranno i risultati sul mercato e affinare sempre di più l'esperienza. Devi imparare a leggere i grafici su ogni singola valuta e soprattutto devi registrati con un account demo gratuito e verificare se quello che stai imparando porta dei risultati, oppure se è ancora troppo presto per investire soldi reali.

Ormai, da anni il forex è alla portata di tutti e non solo dei grandi istituti finanziari, permettendoci di svolgere questa attività ovunque sia presente una connessione internet.

Vi sono numerosi programmi software disponibili sul mercato. Puoi ricevere immediatamente avvisi sulle condizioni del mercato, i prezzi e altre informazioni importanti. I software possono anche aiutarti a capire quando comprare e / o vendere e ottenere un profitto immediato.

I software forex hanno molti vantaggi perché svolgono diverse attività per l'investitore e lo tengono aggiornato sui valori delle valute che sta scambiando. Svolgere manualmente determinate attività, vorrebbe dire passare ore e ore a controllare giornali, tabelle e grafici, news. Ma semplicemente osservando i grafici del software e i dati che quest'ultimo calcola per noi, possiamo sapere come e quando fare trading pur non avendo una conoscenza specifica, consentendoci di eseguire determinate operazioni oppure di fermarle nel momento in cui la posizione si inverte. Inoltre il software di trading consente di gestire i propri fondi, e offre anche l'opportunità di prelevare o depositare denaro sul tuo conto forex quando necessario.

Se necessario, puoi impostare il software forex in modo tale che nel momento in cui la valuta scende sotto un certo valore, o lo abbia già raggiunto, la venderà automaticamente per te. Questo ti permette di minimizzare i tuoi rischi, e di non costringerti a controllare ogni secondo i tuoi profitti e le tue attività. Quindi, una acquisita la dimestichezza necessaria con il trading, potrai depositare parte del tuo denaro in un conto reale e iniziare. È meglio esercitarsi il più possibile in modo da essere pronti per eventuali perdite che potrebbero verificarsi all'inizio ed iniziare solo con piccole somme di denaro fino a quando non ti sentirai più sicuro del software.

La sicurezza è un altro problema di cui non devi preoccuparti. Il venditore avrà già messo in atto più misure di sicurezza di quelle che puoi immaginare. I sistemi offrono la crittografia dei dati su un server sicuro e ti proteggeranno quindi da hacker e ladri, permettendoti di visualizzare il tuo conto di trading in un ambiente protetto.

# DATI E STATISTICHE

A questo punto dovresti avere un'idea generale di come funziona il mercato e di quali sono le principali caratteristiche del trading. Ti starai chiedendo come poter valutare il mercato per iniziare a trarre profitto dalle tue operazioni e per poterlo fare devi comprendere l'importanza della statistica. La statistica svolge un ruolo fondamentale nella previsione dei movimenti di mercato e devi essere consapevole che non è una scienza esatta ma bisogna imparare a conoscerla.

Non avrai mai la certezza matematica che quell'evento si verificherà in quel determinato momento ma imparare ad interpretare le statistiche restringerà fortemente le variabili, mettendoti davanti una serie di possibili situazioni che potrai valutare e scegliere, cercando di centrare il punto.

Se hai informazioni su cosa si è già verificato nei mesi o anche negli anni, di sicuro avrai un vantaggio rispetto a chi non sa come interpretare quei dati. Impara quindi a seguire i modelli che si sono già verificati e seguili.

# GRAFICI

Prevedere l'andamento del mercato è molto improbabile sotto vari aspetti specialmente quando si parla di mercati azionari o finanziari ma esistono degli strumenti che possono aiutarci fornendoci delle indicazioni sui possibili movimenti del mercato.

Consideriamo che il mercato si muove per la maggior parte del tempo in modo laterale, ossia in modo orizzontale se volessimo riportarlo in un grafico, e solo per poco tempo in maniera verticale con quello che viene definito "trend", cioè i rialzi e i ribassi. Questo ci suggerisce che dovremmo adottare una strategia per gestire le situazioni "laterali" e le situazioni di tendenza.

Questi strumenti ci forniscono delle indicazioni su come statistica-mente il mercato si è mosso nel passato, cioè nell'esatto momento in cui si sono verificate determinate condizioni che si stanno verificando nel presente. Questo è proprio quello che fa l'analisi tecnica, individua dai pattern grafici che nel passato hanno fatto muovere in un certo modo il mercato, e da questi possiamo dedurre o meglio "prevedere" come si comporterà il mercato con un certo margine di precisione (questo non significa che non vi sia comunque il rischio).

Questo tipo di grafico viene chiamato "in linea" proprio perché disegna una line continua e descrive l'andamento generale del mercato in maniera molto semplice e intuitiva, di contro però ci fornisce poche informazioni dettagliate rispetto ad altri tipi di grafici.

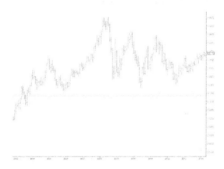

In questo caso vediamo un grafico "a barre" costituito da tante piccole barre che affiancate tra loro disegnano l'andamento generale del mercato, prese singolarmente invece ci forniscono delle informazioni precise, contrariamente a quello che accade per il grafico lineare.

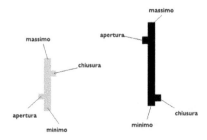

Esaminando le singole barre più da vicino possiamo identificare la barra "rialzista" a sinistra, e la barra "ribassista" a destra. Ogni singola barra ci fornisce informazioni sul prezzo di apertura, prezzo di chiusura, massimo e minimo raggiunto.

Questo grafico invece viene chiamato grafico "a candele", nello specifico quello in foto è un grafico "a candele vuote". Il "candlestick" è il tipo di grafico preferito dalla maggior parte dei trader poiché risulta essere ancora più preciso degli altri grafici, vediamo più nel dettaglio.

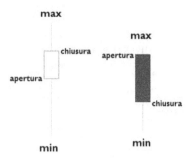

Vediamo a sinistra la candela di tipo rialzista e destra quella ribassista. La loro struttura ci fornisce le quattro informazioni di base come avveniva nel grafico a barre, ma vediamo nella foto seguente che queste candele ci forniscono anche altre tre informazioni: l'ombra superiore, il corpo candela e l'ombra inferiore.

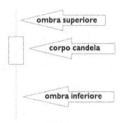

In generale tutte le piattaforme di trading consentono di visualizzare il grafico in base a diversi intervalli di tempo "timeframe" in modo da ottenere un livello di precisione maggiore, in particolare possiamo distinguere gli intervalli più comuni:

- Breve termine – 1, 5, 10, o 15 minuti
- Medio termine – 1 ora o 4 ore
- Lungo termine – giornaliero, settimanale, mensile

Ribadisco che questo non è un libro di analisi tecnica e non è adatto per un professionista quindi lo scopo è solo quello di orientare un trader principiante. Ad ogni modo precisiamo che questi sono solo degli strumenti che ci aiutano ci forniscono dei dati per poter interpretare quello che sta succedendo sul mercato ma non ci garantiscono di prevedere il futuro.

Possiamo sapere come nel passato si sono comportati i mercati di fronte a determinate circostanze, e quindi possiamo con una certa probabilità aspettarci che nel futuro accadano movimenti simili.

Ovviamente ci sono persone che vengono pagate per monitorare il mercato ogni ora e registrare quello che accade nell'arco dell'anno in modo da poter fornire agli operatori di grande successo tutti i dati necessari. In sintesi, conosci il mercato, più probabilità ci sono che tu ne tragga profitti.

Queste persone guadagnano quando tu guadagni cercano di fare il meglio per assicurarsi che tu prenda le decisioni migliori, inoltre hai accesso alle stesse informazioni degli analisti di mercato che infatti pubblicano i loro risultati in grafici facili da comprendere. Possono essere grafici "in linea", "a barre" o "a candele", essenzialmente tutti rivolti a mostrare la tendenza dei vari titoli o altri interessi in relazione ad un arco temporale. In questo modo puoi analizzare l'andamento e capire se una merce è a ribasso o se sta salendo, e grazie alle statistiche di cui abbiamo parlato prima puoi determinare in quale momento avverrà un cambiamento.

Grazie a questi grafici è possibile trovare informazioni sulla maggior parte delle materie prime, sulle valute, ecc… e sul loro comportamento nel mercato negli anni precedenti, partendo dall'esatto momento di entrata nel mercato. L'utilizzo di queste informazioni può aiutarti a decidere se sia una buona idea acquistare o vendere azioni o titoli che ti interessano, o se è meglio attendere un trend.

# VOLATILITÀ FOREX E ASPETTATIVE
# DI MERCATO

La volatilità o tendenza alla fluttuazione può influenzare i tuoi guadagni all'interno del mercato azionario, è tipico nel mercato interno ma anche di più evidente e molto più evidente nel mercato dei cambi. Quali sono i fattori che influiscono sul valore di una valuta? La svalutazione si riferisce declino del valore di una valuta in relazione ad altre valute, ad esempio, se l'euro vale dieci unità di una valuta straniera viene svalutato del 10%, e quindi sarà equivalente solo a nove unità della valuta estera.

Ciò rende qualsiasi oggetto acquistato in valuta estera più costoso per chi commercia in euro, ma rende anche gli articoli nel paese straniero meno costosi da scambiare in euro. Può anche verificarsi un cambiamento di valore opposto, aumentando il valore della moneta straniera e questo è conosciuto come "rivalutazione". Potrebbe verificarsi che uno stato cerchi di adeguare volutamente il valore della propria moneta per poter prendere un vantaggio, rendendo di fatto i prodotti stranieri meno costosi, ed aumentando quindi il valore delle esportazioni, ma esistono dei regolamenti in atto per prevenire proprio questa manipolazione dei tassi di cambio che sono regolamentati dal FMI (Fondo monetario internazionale).

Ora vediamo due grafici che ci mostrano come si presenta graficamente un mercato molto movimentato e un mercato poco movimentato.

In questo grafico vediamo un andamento abbastanza lineare o potremmo dire "laterale" dove gli scambi sono abbastanza ridotti e non sono presenti trend importanti come avviene

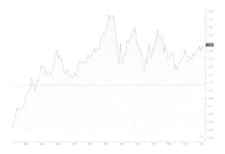

nelle situazioni che abbiamo visto in precedenza (tori e orsi).

In questa immagine invece abbiamo l'esempio opposto dove possiamo distinguere scambi abbastanza accentuati, quindi trend rialzisti e ribassisti che rendono questo mercato molto movimentato rispetto al precedente.

Apprezzamento e deprezzamento

L'apprezzamento e l'ammortamento valutario sono variazioni nel valore del valuta influenzata direttamente dal mercato. Nel 1998, in Russia, la banca centrale fece un tentativo di rimborsare i prestiti annunciando così la svalutazione del rublo che superò il 30% poiché il rapporto era diventato di poco più di nove rubli per ogni dollaro. Nell'arco di un giorno il rublo russo venne ammortizzato del 25%.

Questo si verificò anche nella crisi degli anni '20 negli Stati Uniti, infatti la popolazione presa dal panico cercò di ritirare tutti i propri risparmi che però non erano disponibili, oppure cercò di scambiare titoli non maturati, peggiorando così la situazione in modo drastico.

Di contro, un aumento dei prezzi troppo rapido produce il fenomeno di inflazione. I tassi in continua evoluzione della conversione valutaria e della volatilità del mercato creano un rischio di mercato intrinseco, con un rischio giornaliero di subire una perdita a causa della fluttuazione dei prezzi dei titoli. Non c'è modo di diversificare questo tipo di rischio, poiché influenzerà sempre gli investimenti in una certa misura. Tuttavia, alcuni rischi possono essere compensati da particolari tipi di investimenti o modi di investimento che sono più sicuri o protetti.

# POSIZIONE LUNGA E CORTA

Una delle parti più importanti del trading è determinare la tua posizione. Queste posizioni includono la possibilità di pre-impostare il tuo acquisto o vendere ad un prezzo per una merce specifica, nonché l'utilizzo di livelli predeterminati per effettuare ordini e completare transazioni.

Per posizione lunga si intende l'acquisto di una posizione in cui ti assumi un impegno a lungo termine per la proprietà di alcuni titoli, titoli di sicurezza o altri beni scambiati. Con la posizione corta invece, ci si riferisce alla posizione di vendita in cui ti assumi l'impegno per lo stesso tipo di proprietà e ogni responsabilità nei suoi confronti questa volta a breve termine.

Il momento migliore per prendere la posizione lunga è quando i prezzi delle azioni sono bassi. Questo ti porterà nel mercato ad un prezzo vantaggioso, e accrescerà le tue possibilità per trarre profitto appena le nuove offerte aumenteranno il loro prezzo e gli investimenti più vecchi inizieranno a rimbalzare. Questo modificherà il valore dei titoli attraverso la regola domanda-offerta, causando l'inizio di quello che potrebbe essere un toro mercato (Bull market) di cui abbiamo parlato precedentemente.

Può accadere che quando i prezzi delle azioni inizieranno a scendere, alcuni si faranno prendere dal panico pensando che le loro azioni non recupereranno mai il valore, e questo può esserti di grande vantaggio. Quando invece i prezzi sono alti, è probabile che sia il momento di cambiare e vendere le tue azioni andando in profitto.

Ad esempio se acquisti un titolo a 10 dollari per azione, e questo inizia a salire a 20 dollari, potresti anche aspettare che questo salga ulteriormente a 30 dollari per azione ma devi capire fino a che punto sei disposto a rischiare di perdere i tuoi 10 dollari nel caso ci fosse un forte abbassamento oppure vendere a 20 dollari per evitare il rischio.

# IL RISCHIO

Uno degli aspetti più importanti della protezione dei tuoi investimenti è il bilanciamento dei rischi. Ci sono diversi modi per farlo, ad esempio fissando un limite d'ordine. Un ordine limite è un importo permanente al quale hai accettato di acquistare o vendere una merce. Ad esempio, hai dato indicazioni al tuo broker sul fatto che non venderai fino a quando il valore non raggiungerà minimo di X dollari. Allo stesso tempo, non acquisterai se supera il valore Y.

Fissare i limiti per il prezzo da pagare per un determinato titolo, così come il prezzo che accetterai per venderlo, protegge te e il tuo investimento in diversi modi. Prima di tutto, stai massimizzando i tuoi guadagni, ma soprattutto, stai evitando perdita. Qualsiasi perdita che si verifichi con ordini limitati sarà sempre una perdita non realizzata, o una perdita che non è misurabile in liquidità o denaro. In altre parole, fino a quando non vendi il titolo e raccogli la perdita netta, questo non influirà il tuo patrimonio netto. Dal momento che hai impostato un limite che non consente alle tue materie prime di essere vendute per meno del costo originale, non è possibile avere una perdita nel patrimonio netto. Allo stesso tempo, assicurati anche una certa quantità di profitto impostando il tuo limite di vendita abbastanza alto da raccogliere un certo profitto .

Un altro modo per proteggere le tue risorse è la copertura. Questo significa che tu venderai un contratto futures affermando che, quando le tue azioni raggiungeranno un certo valore in futuro, venderai le tue partecipazioni a quel determinato prezzo.

Ci sono tanti altri modi per gestire i rischi ma quello che abbiamo ribadito in questo libro e che continuiamo a ribadire è che i rischi non possono essere eliminati, quindi per concludere questi capitoli di questo libro, il consiglio è quello di imparare il più possibile per poter ridurre ai minimi termini la percentuale di rischio e massimizzare le probabilità di profitto.

# CONCLUSIONI

Nel corso di queste pagine abbiamo parlato di molti aspetti che sono alla base del trading e degli investimenti, toccando i vari punti fondamentali che un neofita deve conoscere prima di iniziare. Ovviamente questo libro non ha la pretesa di posizionarsi come libro per "esperti" e tantomeno vuole essere una guida tecnica su come analizzare grafici o utilizzare software, anzi vuole essere una guida semplice e breve che consenta a chi vuole iniziare, di costruire la sua idea generale del trading. Ormai i termini trading, forex, stock market, ecc... sono diventati estremamente comuni ma spesso ci si chiede che cosa significhino, allora si cerca di studiare l'argomento ma non si ha il tempo di leggere libri di centinaia di pagine, e tantomeno non si ha la predisposizione a capire argomenti così complessi specialmente se non si è già pratici dell'argomento. Quindi, almeno all'inizio, è ideale ricorrere a libri semplici e riassuntivi che possano dare in poche pagine le informazioni necessarie a costruire una prima immagine dell'argomento per poi ricorrere a libri sicuramente più complessi e dettagliati.

Se questo libro ti è piaciuto mi farebbe piacere ricevere una recensione positiva e 5 stelle.

Grazie mille.

Lightning Source UK Ltd.
Milton Keynes UK
UKHW022024240621
386092UK00002BA/275